助力乡村振兴
出版计划

【 现代农业科技与管理系列 】

乡村农产品
营销策略

主　编　梅　莹

副主编　肖双喜　茆志英

编写人员　裴　雪　王苑菲　鲁义英

　　　　　王艺樵　葛天宇

时代出版传媒股份有限公司
安徽科学技术出版社

图书在版编目（CIP）数据

乡村农产品营销策略 / 梅莹主编. --合肥：安徽科学
技术出版社，2022.12（2023.8 重印）
助力乡村振兴出版计划. 现代农业科技与管理系列
ISBN 978-7-5337-8632-8

Ⅰ.①乡…　Ⅱ.①梅…　Ⅲ.①农产品-市场营销学
Ⅳ.①F762

中国版本图书馆 CIP 数据核字（2022）第 222354 号

乡村农产品营销策略　　　　　　　　　　　　　　主编　梅　莹

出 版 人：王筱文　　　　　　　　选题策划：丁凌云　蒋贤骏　余登兵
责任编辑：余晓云　李志成　　　　责任校对：李　茜
责任印制：梁东兵　　　　　　　　装帧设计：王　艳
出版发行：安徽科学技术出版社　　　http://www.ahstp.net
　　　　　（合肥市政务文化新区翡翠路 1118 号出版传媒广场，邮编：230071）
　　　　　电话：(0551)63533330
印　　　制：安徽联众印刷有限公司　　电话：(0551)65661327
（如发现印装质量问题，影响阅读，请与印刷厂商联系调换）

开本：720×1010　1/16　　　　印张：7.25　　　　字数：94 千
版次：2023 年 8 月第 2 次印刷

ISBN 978-7-5337-8632-8　　　　　　　　　　　定价：30.00 元

"助力乡村振兴出版计划"编委会

主　任

查结联

副主任

陈爱军　罗　平　卢仕仁　许光友
徐义流　夏　涛　马占文　吴文胜
　　　　董　磊

委　员

胡忠明　李泽福　马传喜　李　红
操海群　莫国富　郭志学　李升和
郑　可　张克文　朱寒冬　王圣东
　　　　刘　凯

【现代农业科技与管理系列】

（本系列主要由安徽农业大学组织编写）

总主编：操海群

副总主编：武立权　黄正来

出 版 说 明

　　"助力乡村振兴出版计划"（以下简称"本计划"）以习近平新时代中国特色社会主义思想为指导，是在全国脱贫攻坚目标任务完成并向全面推进乡村振兴转进的重要历史时刻，由中共安徽省委宣传部主持实施的一项重点出版项目。

　　本计划以服务乡村振兴事业为出版定位，围绕乡村产业振兴、人才振兴、文化振兴、生态振兴和组织振兴展开，由"现代种植业实用技术""现代养殖业实用技术""新型农民职业技能提升""现代农业科技与管理""现代乡村社会治理"五个子系列组成，主要内容涵盖特色养殖业和疾病防控技术、特色种植业及病虫害绿色防控技术、集体经济发展、休闲农业和乡村旅游融合发展、新型农业经营主体培育、农村环境生态化治理、农村基层党建等。选题组织力求满足乡村振兴实务需求，编写内容努力做到通俗易懂。

　　本计划的呈现形式是以图书为主的融媒体出版物。图书的主要读者对象是新型农民、县乡村基层干部、"三农"工作者。为扩大传播面、提高传播效率，与图书出版同步，配套制作了部分精品音视频，在每册图书封底放置二维码，供扫码使用，以适应广大农民朋友的移动阅读需求。

　　本计划的编写和出版，代表了当前农业科研成果转化和普及的新进展，凝聚了乡村社会治理研究者和实务者的集体智慧，在此谨向有关单位和个人致以衷心的感谢！

　　虽然我们始终秉持高水平策划、高质量编写的精品出版理念，但因水平所限仍会有诸多不足和错漏之处，敬请广大读者提出宝贵意见和建议，以便修订再版时改正。

本册编写说明

随着科技进步和生产规模化,大部分农产品的市场呈现供过于求现象,农产品市场营销也变得越来越重要。在乡村振兴"产业兴旺"的要求下,乡村农产品市场营销策略问题更是备受关注与重视。

传统观念简单地认为农产品营销只是将农产品销售出去的一种艺术。其实农产品营销不仅仅是农产品销售,更是发现或发掘准消费者需求,让消费者了解农产品进而购买农产品的过程。管理学大师彼得·德鲁克说过"营销的真正目的就是使推销成为多余",系统学习农产品市场营销有助于农业经营主体将经营和销售结合起来,与客户建立长期稳定的业务关系,从而实现多方共赢。

"道成于学而藏于书",为此,本书试图以经典的"4P"理论为依据,采用理论与实践相结合的方法,通俗易懂地分析农产品营销特点与营销策略,构建相对系统完整的农产品营销体系,希望可以给不同类型的读者带来启发和帮助。

本书共分为8章,对于专业人员,可帮助其掌握农产品营销研究的基本方法,明确农产品营销研究的理论进展;对于一般读者,可使其了解农产品营销的知识框架,把握农产品营销的主要特征;对于农业经营主体中的从业人员,可让其明白影响消费行为的农产品营销因素,熟悉制定农产品营销策略的方法。

目　录

第一章 农产品营销概述

第一节 农产品的特征与营销模式

一 农产品的特征

农产品是指在农业活动中获得的植物、动物、微生物及其产品。狭义的农产品是指源于农业的初级产品,即农业产出的未经加工或只经初加工的农、林、牧、渔等产品;广义的农产品包括在农业活动中直接获得的未经加工的产品,以及经过分拣、去皮、剥壳、粉碎、清洗、切割、冷冻、打蜡、分级、包装等粗加工,但未改变其化学性质的初加工产品。跟其他产品相比,农产品具有地域性、季节性和生物周期性等明显特点。

1.地域性

地域性是农业作为第一产业的主要属性,农业尤其是种植业对土地的依赖程度较高,各地气候条件、土壤条件等对农作物生长具有决定性影响,所以有"橘生淮南则为橘,生于淮北则为枳"一说。农产品由于地域性特点突出,产生了许多地理标志产品。

2.季节性和生物周期性

季节性和生物周期性是农产品另一个显著的特点。对于种植业来说,农作物是典型的"季节性生产,全年消费"的品种,作物的季节性决定

了产品上市的旺季和淡季,也决定了要有储藏业和加工业来解决农业生产季节性与食品需求持续性的矛盾。对于养殖业来说,动物的怀孕期、生长期、成熟期决定了养殖业的生物周期性。季节性和生物周期性的存在,使得农业市场形势发生变化时,生产无法及时做出反应;生产的调整,有滞后期,产品不同,滞后期长度不同。

二 农产品的营销模式

农产品的营销模式是指农产品生产者和农产品经营者的个人与群体在农产品销售过程中所采取的营销战略。主要有产品导向营销模式、客户导向营销模式和关系导向营销模式。

1. 产品导向营销模式

产品导向营销模式就是先种植或养殖产品,等产品成熟了以后再去销售,这种模式在现实生活中最为普遍。该模式是杰罗姆·麦卡锡于1960年在其《基础营销》一书中概括提出的,包括产品(Product)、价格(Price)、推广(Promotion)、渠道(Place)四个基本策略的组合。由于这四个词的英文字头都是P,该模式又简称为"4P"理论。"4P"理论强调产品导向,供给侧主导。

2. 客户导向营销模式

客户导向营销模式就是消费者需要什么,就种养殖什么。这个模式是罗伯特·劳特朋于1990年提出的,包括顾客(Customer)、成本(Cost)、便利(Convenience)和沟通(Communication)。由于这四个词的英文字头都是C,该模式又简称为"4C"理论。"4C"理论强调顾客就是上帝,需求侧主导。

3. 关系导向营销模式

关系导向营销模式强调生产者和消费者之间不只是单向度的促销,

也不只是单纯的沟通,而是建立长期的平衡互动关系。该模式是唐·舒尔茨于2001年提出的,包括关联(Relevance)、反应(Reaction)、关系(Relationship)、回报(Reward)。由于这四个词的英文字头都是R,该模式又简称为"4R"理论。"4R"理论认为售卖的产品和服务应与消费者之间建立认知层面的相关性连接,以此提升顾客的复购率和忠诚度,因而其又被作为互联网时代和用户打成一片的营销定律。

▶ 第二节　农产品营销的概念与特点

一　农产品营销的概念

农产品营销就是农产品的生产者及经营者个人与群体在农产品从农户到消费者的流通过程中,实现个人和社会需求目标的各种产品创造和产品交易的一系列活动。农产品营销活动贯穿于农产品生产、流通和交易的全过程,从本质上来说,农产品营销是一个价值增值的过程。

二　农产品营销的特点

农产品营销是受农产品的自然生长周期、生产季节、生产产地、产品自身物理生化性质等客观条件的制约而进行的营销活动,因此与其他产品的市场营销存在很大区别,主要表现在以下几点。

1.产品具有自然性、生物性

农产品主要是生物性自然产品,所以具备了极大的鲜活性及易腐性,存放的时间相对较短,易失去原有的鲜活性。而农产品一旦失去鲜活性,就会影响农产品的品质,其价值也会因此大大降低。如水果只能

保持几天的鲜活性。

2. 产品季节性强，短期总供给缺乏弹性

农产品的生产周期长、供应具有鲜明的季节性。如我国水稻的种植，通常一年只有两季，早稻和晚稻，即使是在日照时间长的南方一年也就种植3次，西瓜一般每年3月份种植，7—9月份采摘，棉花4月份种植要到9—10月份收获。尽管现代发达的科学技术压缩了农产品的生长周期，市场上存在一些反季节的瓜、果、蔬菜，但整体而言季节性强仍然是农产品供应的主要特征。但是农业作为一个生物性生产过程，从决策生产到实施生产时间延迟较大，而且农业投入的生产要素相对固定，资本、劳动、土地等要素投入农业后可选择的余地少，短期内总供给曲线弹性不足。加拿大曼尼陀巴大学的Norman J. Beaton（1989）综合相关学者的研究，指出农业中短期供给曲线弹性大小范围通常处在0~0.3，而长期供给的曲线弹性也只有0.4，也就是说农产品的价格改变1%，产出因此只能改变0.3%~0.4%。总的来说，不管从短期看还是从长期看，农业的供给弹性都是极其缺乏的。

3. 产品需求具有大量性、连续性、多样性，且需求弹性较小

人们对农产品的需求与维持人类生活的基本需求——吃和穿等息息相关，人们每天都要摄入一定量的以农产品为原料的食物，每天都无法避免地要消费农产品，如穿的衣服离不开棉花、羊毛等农产品，需求普遍且量大，因而对农产品的需求具有大量性和连续性。而且每个人都有自己的偏好，因而人们对农产品的需求又是多样的。与此同时，也有许多农产品相互之间是可以替代的，如人体对动物蛋白的摄入通过食用鸡肉和鸭肉能达到相同的效果。因此，通常情况下某一农产品的价格发生变化且幅度不大时，人们对此农产品的需求量并不会因为价格的波动而发生明显的变化，整体需求弹性比较小。

4.农产品品种营销的相对稳定性

农产品生产大多数都是对于有生命的动、植物的生产,其品种的改变和更新一般需要经过漫长的时间,所以一般情况下农产品经营品种都是比较稳定的。不可否认,现代发达的技术带来了一些新产品的迅速产生,但是一定时期内,人们所消费的农产品的品种还是相对稳定的。

5.政府宏观调控政策的特殊性

农业是国民经济的基础,这是不以人的意志为转移的客观规律。农产品与国计民生息息相关,对人民和国家的生存发展起着举足轻重的作用。但是农业生产往往是分散的,农户面临着自然和市场的双重风险,自然风险难以规避且对市场的风险抵御能力有限,因而政府一般都会采取特殊政策对农业的生产、经营进行扶持或调节。

▶ 第三节　农产品营销的目标和功能

一　农产品营销的目标

一般来说,农产品营销的目标主要是追求高效、实现系统公平、满足消费者需求。

1.追求高效

高效指的是在农业中投入较低的成本、以较高的效率取得较高的效益。其内涵可以从交易成本、交易速度、价值增值三个方面去理解。农产品营销的高效目标与其自身的属性有关,其生物特性决定了在农产品营销中必须要尽可能地减少流通、中转环节,从而缩短交易时间、提高交易速度,避免农产品因腐败而失去鲜活性。

2.实现系统公平

农产品营销活动与生产者、批发零售者、消费者等多个利益主体相关。营销系统复杂,各个主体之间的立场、利益、策略不尽相同,甚至是冲突的。从自身角度考虑,生产者自然希望农产品的价格越高越好,以最高的价格向市场无限量供应农产品,而批发零售者和消费者都期望以最低的价格购买到高品质的农产品。为了减少这种冲突带来的不利,在农产品营销活动中需要各个利益主体建立良好的信任,在此基础上,不断适应和调整交易活动。在交易过程中协调各参与者的责、权、利关系,使得彼此利益之间产生制衡,相互影响、相互作用,追求"多赢",创造"多赢"博弈的机会,从而实现系统的公平。

3.满足消费者需求

以消费者为中心,满足消费者需求是农产品营销的核心思想。通常生产者投入一定的成本,获得一定数量的农产品,然后会在一定时期内,以适当的价格,将适当的农产品销入适当场所,从而满足顾客的需求。其中"一定时期"指的是需要保障农产品的鲜活性的同时照顾到消费者的消费习惯,而且通过减少农产品的存放时间,减少腐烂损耗,降低流通成本。一定的成本是适当价格确定的参考基础,适当的价格既保障了经营者的投入能产生一定的收益,也使消费者消费农产品时买入的价格合理。适当的农产品指农产品的鲜活性、加工程度、安全性等各个方面能适当满足消费者偏好,符合消费者的需求。适当的场所即消费者指定的、符合其消费习惯的场所。

（二）农产品营销的功能

农产品营销的功能反映了市场营销活动在营销系统中所发挥的作用。

1. 集货、交易功能

集货、交易功能是指将分散的农产品集中在一定区域的农产品市场或者加工企业,农产品通过营销活动转换交易双方对农产品的使用权、所有权。农产品集货、交易使得农产品的价值得以实现,消费者对于农产品的需求也因此得到满足。例如粮食加工厂将方圆几十里农场主种植的水稻集中收购加工后再售卖,体现的正是集货、交易功能。

2. 形态改变功能

农产品经过特定的处理可以改变其形状、大小、颜色等物理形态,其物理形态的改变主要通过加工、整理、包装等活动来实现,形态改变不仅可以扩大农产品的用途,还可以增加农产品的依附价值。现实中的大部分农产品都要经过加工、整理、包装三个过程再流入消费者手中,如牧场收集的新鲜牛奶,经过机器加工可以做成奶粉、奶糖、奶酪等产品;小麦可以加工成面粉、面包等产品,再经过整理、包装进入商场,这中间的每一个环节都使农产品的价值得到了增值。

3. 运输、转移功能

农产品经过运输、转移会运送到不同区域的消费者手中,运输、转移几乎贯穿于农产品营销的所有环节。通过运输、转移,农产品的地理位置发生改变,不同区域的农产品得以流通,不同地方的消费者可以无差别地对同一种农产品进行消费。如小麦种植集中在北方、大米种植集中在南方,经过运输、转移实现了南北两地消费者对这两种农产品的无差别使用。值得注意的是,不同特性的农产品在流转中选择的运输、转移方式不尽相同。如在运输、转移谷物、棉花、干果等农产品时,一般选择火车、轮船;而在运输、转移牛奶、冷饮等农产品时通常选择"冷链"冷藏运输线,以保障农产品的品质在运输中保持不变。

4.满足消费者需求功能

农产品营销的手段、方式、途径形形色色,但任何一种农产品的营销的最终结果都是为消费者服务、满足消费者的需求。随着买方市场的到来,消费者越来越注重消费时享受的服务,服务意识在营销中越来越重要,以前市场营销的单赢模式已不再适应现代商品经济的发展趋势,追求市场营销者和消费者双赢成为必然趋势。

5.组织和风险回避功能

农产品营销中的组织功能是指通过一系列的营销活动将农产品经营者(组织和个人)联系起来,从生产分配到最终消费,每一过程都形成紧密结合的关系。我国是一个农业大国,但农产品生产者分散且生产规模较小,难以形成规模经济,发挥农产品营销的组织功能在一定程度上可以降低生产经营者的市场风险。

▶ 第四节　农产品营销研究的意义

一 有助于增加交易机会

农业是季节性、时效性较强的行业,农产品市场的货源随农业生产季节而变化。很多农户家里有应季的农产品,商贩需要收购,但是往往因为信息闭塞,农户不知道卖给谁,商贩也不知道去哪里收,最后错过了最佳时机,导致农产品积压变质。农产品营销可以增加销售渠道,扩大信息的传播范围,从而增加农产品的销售。

尤其现在的信息化时代,农产品生产者可以利用互联网进行网络营销。基于互联网的特性,世界各地的人们在任何时间、任何地点都可以搜索到各个农产品的信息,这种网络营销方法极大地拓宽了农产品销售的渠道,在网络上广泛、迅速发布农产品买卖双方的信息,打破了信息传递的时间和空间障碍,尤其是空间的束缚,打破了地区之间的农产品交易壁垒。网络营销提供了一个进行信息交流的好方法,利用网络,农产品生产者可以及时找到收购者,约定好收购价格,在合适的时机再进行交易,使不同区域的农产品销售更加畅通。

二 有助于降低交易成本

由于行业特性,农业信息具有分散性、复杂性、综合性的特点。采用农产品营销的宣传和推广途径可以降低交易的成本。在科学技术发达的网络时代,充分利用网络平台本身的特点更是可以解决生产的信息交流迟缓困难、信息获取成本高昂的问题,进一步降低一些在传统销售中无法忽视的固定成本。例如,传统销售的宣传、推广方式多采用电视、广播、报纸等传播途径,这些营销方式的共性就是投入的费用高,一条插播的广告以秒计费,这对于大多数普通农户来说是难以承受的;而网络营销主要借助互联网络对农产品进行宣传,投入一次成本即可持续使用一段时间,网络本身具有成本低廉、更新快、宣传范围广等优势,而且在一定的期间内可以持续保留交易信息,这对于个人和企业来说都是减少宣传推广成本的好途径,比较适合分散的农户和规模较小的企业。除此之外,农产品本身的特点——季节性强,决定了在产品成熟期必须尽快完成交易,否则会影响农产品的品质,也就是说完成交易所需的时间越长对农产品的营销是越不利的。网络营销不仅省去了中间不必要的流通环节,而且加快了农产品信息传播的时间,进一步缩短了交易时间、降低了交易成本。

三 有助于科学生产决策

　　农业企业通过对网上获取的供求信息进行综合分析,可以更好地把握市场动态,根据市场的需求及价格变化,制定相应的生产决策,科学组织生产。当市场上某种农产品销量一直领先、需求量大、深受消费者偏爱时,生产者可以适当调整生产规模,增加此种农产品的种植面积,以保障市场供给,充分满足消费者需求,避免供不应求;相反,当某种农产品不合时宜,不符合大多数消费者偏好时,应当适当减少此类农产品的生产,避免因供大于求而价格下跌,导致生产者利益受到损害。

四 有助于树立产品品牌

　　在消费者心中,品牌化农产品代表着信赖安全和高品质,农产品营销可以广泛传播农产品信息,使得人们更加及时、准确地对农产品进行了解,有利于树立农产品品牌,打造农产品良好的形象。特别随着网络营销的兴起,网络营销所采用的网络媒介拥有成本低廉、制作速度快、覆盖范围广、动感效果好等优点,传播效果大大优于传统营销,在培育农产品潜在公众、知晓公众、行动公众方面具有绝对的优势。网络媒介可以在短时间内将网络信息传递四方,在这种信息化背景下,树立品牌是拓展农产品营销市场、提升农产品品牌形象的有力措施。

第二章 ▶ 农产品市场调查分析

▶ 第一节 农产品市场概念与特征

一 农产品市场概念

农产品市场概念有狭义和广义之分。广义的农产品市场是指农产品流通领域交换关系的总和。它不仅包括具体的农产品市场,还包括农产品交换中的各种经济关系,如商品农产品的交换原则与交换方式,人们在交换中的地位、作用和相互联系,农产品流通渠道与流通环节,农产品供给与需求的宏观调控,等等。狭义的农产品市场是指进行农产品所有权交换的具体场所。

二 农产品市场的特征

农产品市场交易中,买卖双方交易的对象是农产品。农产品与农业生产联系十分紧密,所以与其他市场相比,农产品市场具有产品双重性、季节性和周期性显著、市场发育不均衡、市场风险大等特征。

1.农产品市场上的产品具有双重性

在农产品市场中交易的农副产品既有生产资料的性质又有生活资料的性质。一方面,作为维持人体生命活动必需的能量源泉,农副产品

可直接作为食物被人们消费,如人们每天消费的蔬菜、水果、鱼肉等;另一方面,作为重要的工业生产原料,农副产品对工业生产来说至关重要,如农户种植的棉花可经过工厂加工为各种服装进行销售、新鲜的果蔬可经过工厂加工成饮料上市售卖、小麦经过碾压磨成面粉可以加工成各种各样的饼干或面包等。

2.农产品市场季节性和周期性显著

农业生产的主要劳动对象是有生命的动物、植物,生物的性状受基因和环境的双重作用。在生产过程中,这些动植物的生长不仅与自身的生长发育规律有关,还与光照、温度等外界环境因素有关,而光照、温度等外界因素存在明显的季节性、周期性,这就使得不同区域的农产品生长具有明显的季节性,不同的农产品都有其时令性,每年成熟、上市的时间相对固定,成熟、上市的季节性也就导致了农产品市场的季节性。除此之外,因为植物生长需要从土地中汲取生长发育所必需的营养,这就使得同一块土地种植的农产品在一年或几年内的产出呈现规律性、周期性的变化,如我们常常听见的淡季、旺季,大年、小年,相应的农产品市场也就表现出明显的周期性变化。农产品市场这种季节性、周期性特性使得市场上农产品的供给量存在一定的不确定性,这对维持市场平稳有序运行来说是一种挑战。

3.农产品市场发育不均衡

由于不同区域所属的地理位置不同,经济发展水平差异明显,因而不同区域的农产品市场发育水平也呈现出明显的差异性。如我国东部地区及大中型城市经济发展水平高,农产品市场也比较发达,市场基础设施配套齐全,给消费者提供的服务好;市场规模较大,交易方式也更先进。相对来说,广大中西部地区和偏远乡村的农产品市场发育明显滞后,市场规模较小,环境差,基础配套设施匮乏。

4.农产品市场风险大

农业生产受自然环境的影响很大,光照、温度、水分等自然环境变幻莫测,这些不可控的因素对农产品的产量影响较大,相对于其他产业而言,农业生产面临的自然风险更大,因而现有的大多数学者认为农业是"弱质产业"。除了面临自然风险,农产品种植还存在更大的市场风险。原因在于在农业生产中,生产者的劳动对象和获得的最终农产品都是生物有机体,在运输、转移中很容易出现腐烂、变质,农产品产量因此会减少。除此之外,农产品生产上具有周期性特性,投资上具有农业专用性,市场的供给弹性小,价格变动引发的市场需求变化并不明显。

▶ 第二节　农产品市场调查

一 农产品市场调查的内容

农产品市场调查是指根据农产品生产经营者市场调查的目的和需要,运用一定的科学方法,有组织、有计划地搜集、整理、传递和利用市场有关信息的过程。其目的在于通过了解市场供求发展变化的历史和现状为管理者和经营者制定政策、进行预测、做出经营决策、制订计划提供重要依据。

农产品市场调查的内容十分广泛,一般情况下,调查者会根据调查和预测的目的及经营决策的需要制定具体的调查内容,最基本的内容主要包括市场环境调查、消费者需求调查、生产者供给情况调查、销售渠道调查、市场行情调查等几个方面。

1.市场环境调查

市场环境调查内容涵盖政治、经济、社会文化、自然环境四个方面。

政治上主要涉及与党和政府有关的经济政策,如农业发展方针、价格、财务等方面的政策等;经济上主要涉及农业生产水平、科技水平、自然资源状况、国民收入、人口及其构成、居民收入及其消费结构、市场价格水平等;社会文化上主要包括居民文化教育程度及其职业构成、民族分布特点、生活习惯等;自然环境上主要是该地的自然资源、地形地貌和气候条件等。

2.消费者需求调查

消费者需求调查是指对特定区域内某时间段居住人口、居民生活水平的变化,购买力投向,消费者喜好、习惯、需求构成的变化,以及消费者对各类商品农产品的数量、质量、品种、规格、样式、价格等方面的要求及其发展趋势的调查。

3.生产者供给情况调查

生产者供给情况调查是指对某种农产品生产规模、生产结构、农业科技水平、生产力布局、自然条件和自然资源等方面的调查。

4.销售渠道调查

销售渠道调查是明晰商品农产品销售渠道的畅通情况及存在的问题,了解销售人员的基本情况、销售渠道各环节的配合程度等。

5.市场行情调查

市场行情调查是指对市场上各种商品农产品的供求关系、存货量,以及市场竞争力、行业壁垒等方面的调查。

(二) 农产品市场调查的方法

农产品市场调查的方法种类有很多,且非常灵活,每种方法都有各自的优缺点,往往根据实际需要选择合适的方法,归纳起来主要包括访问调查法、观察法、实验法等。

1. 访问调查法

访问调查法是指调查者通过口头、电讯或书面方式搜集资料,了解被调查者情况的调查方法。根据调查者与被调查者接触方式的不同,访问调查法又可进一步细分为面谈调查法、德尔菲法、邮寄调查法、电话调查法。

面谈调查法是指调查者依据拟好的调查提纲面对面直接访问被调查者,当面询问有关问题的一种调查方法。面谈调查既可以是个别面谈,也可以是群体面谈。面谈调查法由于面对面与被访者接触,所以能直接收集到第一手资料,而且与被调查者之间的谈话伸缩性强,彼此不仅表达、理解更清楚,沟通更有效,还能产生激励效果。但调查所需要的人力、经费较多,调查结果容易受到调查者自身素质高低和工作态度优劣的影响,且面对面调查会让被调查者产生一定的心理压力,回答难免有所顾虑。

德尔菲法是1964年由美国兰德公司首创并用于调查预测的一种集体的、间接的书面调查方法,主要包括明确调查问题、选取若干有关的专家、制定调查表、将调查表和相关背景资料及要求寄给选取好的各位专家、归纳和整理专家反馈的意见等5个步骤。该方法可以集思广益,征询多名有关专家的意见,而且各专家不见面,匿名发言,各抒己见,征询到的意见更加真实、准确。此外,在调查过程中反复征询归纳整理专家意见,在多次征询的基础上对专家意见及调查结果做定量的统计处理,结果更可靠。但由于调查结果主要根据各专家主观判断的综合意见得到,缺乏客观标准。

邮寄调查法是指调查人员将设计好的调查问卷表通过邮递的方式寄给被调查者,要求被调查者填写好后寄回的一种调查方法。该方法的调查区域不受空间范围束缚,调查成本较低,调查人员不接触被调查者,对调查结果无主观偏见影响,被调查者有充足的时间填写问卷,还可以

根据需要查阅相关资料,以更准确地回答问题。但是调查表的寄回率低、回收难度大,寄回的问卷也可能存在回答不全的问题,且难以评判其回答的可靠性,使得问卷质量整体不高。

电话调查法是指调查人员按照事先确定的抽样原则,抽取一定样本,通过打电话询问被调查者,以此来搜集有关资料的一种调查方法。该方法调查速度快、时间短,消耗的经费少。被调查者不受调查者在场的心理压力影响,问题回答率较高。但被调查者是否愿意接听电话存在不确定性,而且复杂内容也难以在电话中表述清楚,再加上电话提问时询问时间不宜过长,对于有些情况和问题难以做深入了解,可能问不出所需要的信息。

2.观察法

观察法是指调查者深入现场观察、记录被调查者的情况,从而取得市场信息资料的一种调查方法。它不是直接向被调查者提出问题并要求其回答,而是凭调查人员的直观感觉或是利用录音机、照相机、录像机和其他器材,考察、记录被调查者的活动和现场事实,以获得必要的信息。例如在蔬菜批发的市场调查中,对批发市场上蔬菜的上市量、成交量和成交价格等情况进行观察、记录。该方法因为能直击调查现场、记录调查的事实和被调查者在现场的行为,调查结果更能反映实际情况。此外,调查不需要被调查者配合,灵活性强,调查者随时随地都能进行调查。但它只能体现客观事物发生的经过,无法反映事物发生的原因和动机。同时,观察法常常需要耗费许多人力亲自去现场观察并做记录,观察时间较长,调查所需的费用较多。

3.实验法

实验法是指在给定条件下,通过实验对比,对市场经济中某些变量之间的因果关系及其发展变化过程加以观察分析的一种调查方法。市场调查中应用最多的是市场销售实验,它的主要思路是先进行一项商品推销的小规模实验,然后根据实验结果分析该商品促销是否值得大范围推广。如搜集消费者对农产品质量、包装反馈和对价格的接受程度时,都可以通过实验法来实现。该方法可以有控制地分析观察某些市场变量之间是否存在着因果关系,可以排除主观估计的偏差,在定量分析上具有较重要的作用。但时间较长,费用较大,且市场中的可变因素难以控制,实验结果不易相互比较。

随着互联网的普及,市场调查也可以通过互联网有针对性地搜索所需信息。互联网搜索法较容易搜集信息,成本也低。但是需要调查者能使用电脑,会用搜索工具,同时需要有信息处理能力,对繁多的信息能去伪存真,找到自己真正需要的信息。

▶ 第三节　农产品消费需求分析

消费者对农产品的消费需求包括基本功能的需求、品质的需求、安全的需求、购买和食用便利的需求、外在观感的需求、情感功能的需求、社会意义的需求和对良好服务的需求等。

一　农产品基本功能的需求

消费者决定是否购买某种农产品时,必然会考虑这种农产品的有用性。农产品作为满足人们基本生活需要的食物来源,主要发挥了解决人类温饱的功能,这种功能是农产品最基本的功能,满足了消费者最基本的需求,是消费者需求和购买的前提条件。也正是因为具备这种功能,农产品的生产和销售才有意义。

二 农产品品质的需求

当农产品基本功能得到满足时,消费者的需求便开始向对农产品品质的需求转变。如随着经济水平的发展,消费者收入水平不断提高,消费者越来越注重农产品的健康程度、营养成分含量、水分含量、口感等指标,对高品质农产品的消费需求越来越多。

三 农产品安全的需求

消费者在购买选择农产品的过程中必然重视安全性能,即购买的产品要安全、可靠,不会对身体产生危害。为满足消费者这一方面的需求,国家通过出台法律及各种标准的方式对生产者进行规范,并对消费者进行引导。例如,我国颁布了《中华人民共和国食品安全法》《中华人民共和国农产品质量安全法》《中华人民共和国商品检验法》等法律法规和检验标准,要求生产者生产安全、健康的食品并且在保质期内出售,确保不生产、销售含有损害人体健康成分的农产品。

四 农产品购买和食用便利的需求

消费者都希望在较近的场所,以最短的时间和最快的方式买到满意的农产品。随着人们的工作和生活节奏不断加快,在购买和使用农产品时要求便利成了一个很常见的诉求。如近年来多地不断推出社区便利店,将奶店、菜店等农产品零售店开到社区,以及对于鲜活农产品采取配送上门服务等方式,大大节约了消费者购买和搜寻的时间。此外,随着农产品电商和物流配送业务的全面发展,现在的消费者足不出户便可以买到所需的农产品。除购买便捷,使用过程方便也成为消费者关注的重要方面。在以前,消费者要消费鸡肉,需要自己宰杀,自己分割,非常麻烦;现如今商家推出即时屠宰、即时分割业务,为消费者消除了许多麻烦,满足了消费者追求便捷的需求。

（五）对农产品外在观感的需求

随着消费水平的不断提高及审美观念的提高,人们越加注重农产品的外在表现。对于初级农产品而言:从大小来看,要求其规整,既不能很大,又不能太小;从形状来看,其要符合该种农产品的基本形状,该长的长,该短的短,该圆的圆,该扁的扁,而不是形状各异;从着色来看,其应该具有该种农产品基本的颜色。对于加工农产品,不仅要求其内在品质优良,而且希望拥有完美的外观设计,即消费者对加工农产品的工艺设计、包装、造型、色彩、装潢和整体风格都有较高的要求。

（六）对农产品情感功能的需求

消费者既是自然人又是社会人,因此希望通过商品消费中人与人的沟通交往来满足一定的情感需求。消费者以购买和消费蕴含浓厚感情色彩的农产品为媒介,达到传递和沟通感情从而获得情感上的补偿和依托的目的。如鲜花作为一种特殊的农产品,不同的鲜花品种能够传递不同的情感。

（七）对社会意义的需求

消费者要求农产品除具备其基本功能之外,还要体现和象征一定的外在社会价值,购买或拥有某种农产品的消费者能够显示出自身某些社会特性,如地位、身份、尊严等,进而能够获得心理需求上的满足。例如人参,其数量稀少、采收及加工难度大,因此价格昂贵,不易购买,限制了普通消费者的购买和食用,只有具有一定消费能力的群体才具有消费和拥有它的条件,从而使得类似农产品在某种程度上成了社会经济地位的象征物。

八 对良好服务的需求

消费者除了对上述农产品实体功能的需求之外，一般还需要通过购买和食用农产品获得较为完备的服务。随着科学技术的不断发展及生产能力的提高，消费者对农产品无论是数量还是质量，以及品种的需求都逐步得到了一定的满足，基本做到了可以随时随地购买到所需要的各类农产品。追求农产品实体功能以外的服务功能，成为消费者在购买和使用农产品过程中的一种新的需求。如鲜活农产品配送，为消费者提供了上门服务，此类优质、周到的服务，可以让消费者获得被尊重、心理更轻松及个人价值认可等多方面的心理满足。

第四节　农产品购买行为分析

一 购买行为分析因素

农产品购买行为即消费者购买农产品发生的决策过程及一系列相关活动。农产品购买行为分析一般从购买主体、购买对象、购买动机、购买时间、购买地点、购买数量和频率、购买方式这七个方面来考虑。

1.购买主体分析

一般情况下，农产品消费主要以家庭为单位进行，家庭成员在购买活动中扮演的角色主要有发起者（第一个提出购买某种农产品的人）、影响者（自己的见解和建议对最后的购买决策有影响力的人）、决策者（决定购买与否、购买地点、购买时间等购买决策的人）、购买者（实际从事购买行为的人）和使用者（对农产品进行消费或使用的人）5种。明确购买主体,研究购买主体扮演的不同角色,可根据购买主体针对性地采取不同的营销策略。

2.购买对象分析

购买对象是指消费者所购买的能满足消费者某种需要的具体农产品。一般情况下,消费者购买某种农产品时,首先会将一系列同类但不同品牌的农产品进行比较,综合评判后再选择出能满足需求的品牌。农产品经营者在经营过程中要注意观察、收集影响品牌评判的因素,以便将消费者发展成回头客,吸引其下次光顾。

3.购买动机分析

购买动机即消费者决策购买某种农产品的主观愿望,也就是刺激促成购买的因素。购买动机是引发消费者购买行为发生的内在原因,对消费者的购买动机进行分析研究,根据不同动机有针对性地制定营销策略,有助于提高农产品的销售量。

4.购买时间分析

消费者在购买农产品时都有自己习惯的时间,尽管每个人的购买时间不同,但就整体而言,大多数的消费者在农产品购买时间上还是有一定的规律性可循的。因此,农产品经营者应当意识到购买时间的这种规律,在购买者较多、购买量大的时间段实施合适的营销策略。

5.购买地点分析

不同类型和不同需求的消费者,购买地点也会存在差异。经过多年的发展,农产品销售市场越来越多,有早市、集贸市场、批发市场、普通商店、便利店及超市等。对消费者的购买地点进行分析的目的就是要使农产品销售网点的布局尽可能地适应消费者的需要,促进消费者购买。

6.购买数量和频率分析

进行购买数量和频率分析的目的就是要了解消费者购买农产品的

数量及购买频率,用以估计或预测市场总量,以此作为细分市场的依据,也可以作为决定促销时间长短与所用方式时的参考。

7.购买方式分析

不同的消费者对于农产品购买选择的方式不同,有的喜欢在实体店购买,有的喜欢在互联网上购买。对农产品购买方式进行分析,可以帮助农产品经营者进行农产品价格的制定及经营方式的决策。

(二)购买决策过程分析

一般来讲,消费者的购买决策过程可分为五个阶段,即确认需要、收集信息、评估选择、决定购买、购后行为等。同样,农产品的购买决策过程也可表现为这五个阶段。从购买过程可以看出,整个购买行为并不只发生在实际购买的那一刻,而是早在实际购买之前就已经开始,而购买行为也不是购买之后就结束,而是在实际购买后仍然持续一时间。因此,作为农产品的经营者,应关注整个购买过程而不能只是单纯注意购买决策本身。

1.确认需要阶段

确认需要是指消费者确认还有没有要满足的需求,而且这一需求是要通过购买某种农产品来满足。这是购买行为的起点。一般来说,消费者对农产品的需要可能来自于两个方面:一是来自自身的生理性需要,如饥、渴、冷等;二是来自外部的影响,如来自亲朋好友的推荐及广告对某种农产品的宣传等。农产品经营者应该充分利用好这一阶段,采取适当的措施,唤起或强化消费者的需求,通过制定市场营销组合策略,帮助消费者确认需要、创造需要。

2.收集信息阶段

当消费者靠现有的经验和知识不能马上决定购买,而是需要消费者收集相关方面的信息,了解市场行情,以作为购买决策的依据时就进入了信息收集阶段。信息获取的途径主要有本人经验(消费者自身在使用过程中,通过查看、联想、判断等了解到的信息)、他人传授(从家庭成员、亲朋好友、邻里及同学、同事那里得来的信息)、商业来源(通过广告、包装、产品功能介绍及从推销员、经销商那里获取的信息)、公共来源(报纸、杂志及广播、电视等大众媒体和公共服务组织提供的信息)。

3.评估选择阶段

在评估选择阶段,消费者根据收集到的信息,按照自己的购买标准,比较和评价各种备选农产品的品质、功效、包装、价格及服务等内容,最终选择出能满足自己需要的产品。

4.决定购买阶段

决定购买阶段,消费者经过对各种备选农产品进行比较和评价,形成购买倾向,进而按照自己的购买倾向最终购买适合自身的农产品。通常,在消费倾向形成与决定购买中间,也会受外在因素的影响,诸如家庭收入的变动、身边人的建议,以及农产品价格的上涨、意外事件的发生等,都会改变购买倾向。

5.购后行为阶段

购买某种农产品之后,消费者往往喜欢对整个购后行为和所购农产品进行评价,如果自身对整个购买行为和所购农产品非常满意,或者其他人对所购农产品给予认可的态度,会使消费者产生满足感,进而对下一次的购买行为产生影响,即下一次仍然愿意重复上一次的购买行为,愿意购买该种农产品。相反,如果消费者对所购农产品不满意或者他人认为其所购农产品的质量有瑕疵等,则消费者在下次购买行为过程中会尽量避免购买该种农产品,或采取审慎的态度。

第三章 农产品营销的产品策略

▶ 第一节 农产品与产品组合

农产品是由农业生产所带来的产品,包括农、林、牧、副、渔五业产品。

按照加工程度,农产品可以分为初级农产品和加工农产品。初级农产品是指种植业、畜牧业、渔业产品,包括谷物、油脂、农业原料、畜禽及其产品、林产品、渔产品、海产品、蔬菜、瓜果和花卉等产品。《中华人民共和国农产品质量安全法》所称农产品就是指初级农产品。加工农产品是指必须经过某些加工环节才能食用、使用或储存的加工品,如消毒奶、分割肉、冷冻肉、食用油、饲料等。

按照特殊程度,农产品可以分为普通农产品和名优农产品。其中,名优农产品是指由生产者志愿申请,经有关地方部门初审、权威机构根据相关规定程序认定的生产规模大、经济效益显著、质量好、市场占有率高,已成为当地农村经济主导产业,有品牌、有明确标识的农产品。

按基因形成方式,农产品可以分为转基因农产品和非转基因农产品。转基因农产品是指利用基因转移技术,即利用分子生物学的手段将某些生物的基因转移到另一些生物的基因上,进而培育出人们所需要的农产品。

按传统和习惯,农产品一般可分为粮油、果蔬及花卉、林产品、畜禽产品、水产品和其他农副产品六大类。

　　从市场营销的角度来看,每个农产品都可用核心产品、形式产品、期望产品、延伸产品、潜在产品五个层次来表达(图3-1)。核心产品是指为顾客提供的产品的基本效用或利益;形式产品是指核心产品借以实现的形式或目标市场对某一需求的特定满足形式;期望产品是指购买者在购买该产品时,期望得到的与产品密切相关的一整套属性和条件;延伸产品是指顾客购买形式产品和期望产品时,附带获得的各种利益的总和,包括产品说明书、保证、安装、维修、送货、技术培训等各种服务;潜在商品是指现有产品(包括所有附加产品等在内的)在未来的各种演变形态。

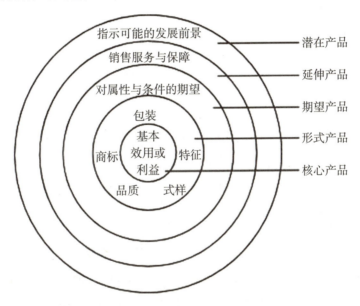

图3-1　整体产品的五个层次图

　　产品组合也称为"产品的各色品种集合",是指一个生产者在一定时期内生产经营的各种不同产品、产品项目的组合。其中,产品项目是指同一品牌或产品大类内由尺码、价格、外观及其他属性来区别的具体产品。产品组合包括宽度、长度、深度和关联性四个因素,这四个因素不同,也就构成了不同的产品组合。其中,产品组合的宽度是指一个生产

者生产经营的产品线的数目;产品组合的长度是指一个企业的产品组合中所包含的产品项目的总数;产品组合的深度是指每条产品线中所含产品项目的多少。产品组合的长度和深度反映了满足各种不同消费者需求的程度,增加产品组合的长度和深度可以满足消费者的不同需要,吸引更多顾客。产品组合关联性是指各产品线在最终用途、生产条件、分销渠道等方面的相关联程度,较高的产品的关联性能带来规模效益和范围效益,提高生产者在某一地区、行业的声誉。

▶ 第二节 农产品质量认证与分级

目前,我国与食品安全和生态环境相关的食品认证形式有三种,即无公害农产品、绿色食品和有机农产品。

无公害农产品是指使用安全的投入品,按照规定的技术规范生产,产地环境、产品质量符合国家强制性标准并使用特有标志的安全农产品。无公害农产品的定位是保障消费安全、满足公众需求,生产过程中允许使用农药和化肥,但不能使用国家禁止使用的高毒、高残留农药。

绿色食品是指遵循可持续发展原则,按照特定生产方式生产,经农业农村部下属"中国绿色食品发展中心"认定,许可使用绿色食品标志,无污染的安全、优质、营养类食品。绿色食品的优质特性不仅包括产品的外表包装水平高,还包括内在质量水准高。产品的内在质量又包括两方面:一是内在品质优良,二是营养价值和卫生安全指标高。绿色食品分为A级和AA级两个档次。A级绿色食品在生产过程中严格按照绿色食品生产资料使用准则和生产操作规程要求,限量使用限定的化学合成生产资料,产品质量符合绿色食品产品标准。AA级绿色食品在生产过程中不使用化学合成的肥料、农药、兽药、饲料添加剂、食品添加剂和其他对环境和身体健康有害的物质,按有机生产方式生产,产品质量符合绿色食品产品标准。

有机食品是指生产、加工、销售过程符合有机标准的供人类消费、动物食用的产品。有机标准简单地说就是要求在动植物生产过程中不使用化学合成的农药、化肥、生长调节剂、饲料添加剂等物质,以及基因工程生物及其产物,而且遵循自然规律和生态学原理,采取一系列可持续发展的农业技术,协调种植业和养殖业的平衡,维持农业生态系统良性循环;对于加工、贮藏、运输、包装、标识、销售等过程,也有一整套严格规范的管理要求。

▶ 第三节 农产品的市场生命周期

农产品的市场生命周期是指一个产品在市场上出现、发展到最后被淘汰的过程。一般来讲,农产品生命周期分为投入期、发展期、成熟期和衰落期。

一 投入期

投入期是指农产品刚刚进入市场,处于向市场推广介绍的阶段。此时,消费者对农产品还不了解,销售量很低,可能只有少数追求新奇的消费者购买,销售增长率低。为了扩大销售,需要大量的促销费用,对农产品进行宣传推广。在这一阶段,由于技术方面的原因,农产品不能大批量生产,因而平均到每个产品上的成本高,企业的销售额增长缓慢,利润少,甚至有可能亏损。在这个阶段,市场营销可以采取高定价、高促销费

用的快速掠取策略,以求迅速扩大销售量,取得较高的市场占有率;或在市场规模较小、竞争威胁不大时采取高定价、低促销费用的缓慢掠取策略,这种策略可获取更多的利润。若要迅速扩大市场、占有最大市场份额,可采取低定价、高促销费用快速渗透策略;若是在市场竞争中以廉取胜,通过降低定价,稳步前进,则可采取缓慢渗透策略。

（二）发展期

发展期是指农产品已为市场的消费者所接受,销售量迅速增加的阶段。随着投入期销售取得成功,农产品开始进入发展期。此时,消费者对农产品已经了解并熟悉接受,消费者大量购买,市场逐步扩大。农产品已具备大批量生产的条件,生产成本相对下降,农业企业的销售额迅速增加,利润额也迅速增长。但是,在这一阶段,竞争也随之出现并逐渐激烈。销售和利润的迅速增长使得有些企业看到有利可图,纷纷进入市场参与竞争,使同类农产品供给量增加,价格随之下降,企业利润增长速度逐渐减慢,最后达到生命周期利润的最高点。这个阶段的市场营销策略是改善农产品品质,通过提高农产品的质量来增加竞争力,以满足消费者更广泛的需求、吸引更多的顾客;并加强市场调研,运用细分化策略,找到新的尚未饱和的细分市场,根据细分市场的需要组织生产,不断开辟新市场。广告促销要从介绍农产品转移到宣传特色、树立新产品形象上来,确立农产品的"知名度",维系老顾客,吸引新顾客。而且,在适当的时机采取降价策略激发那些对价格比较敏感的消费者产生购买动机和采取购买行为。

（三）成熟期

成熟期是指农产品在市场上已经普及,市场容量基本达到饱和,销售量变动较少的阶段。经过发展期的成长后,市场需求趋于饱和,潜在的消费者已经很少,农产品销售量增长缓慢,甚至有可能停滞或下降,标志着农产品进入了成熟期。在这一阶段,竞争达到白热化,价格战非常激烈,促销费用增加,利润下降。这个阶段的市场营销可以采取市场改良策略,通过发现农产品的新用途或改变推销方式等提高农产品的销售量;也可以通过产品改良,以产品自身的改变来满足消费者不同的需要,吸引有不同需求的消费者;或通过对农产品的产品、定价、渠道、促销四个市场营销组合因素加以改良,延长农产品的成熟期。

（四）衰落期

衰落期是指农产品已过时,新产品或新的代用品出现,销售量迅速下降的阶段。竞争的加剧,导致有些农业企业经营陷入困境,新的农产品或代用品逐渐代替原有的农产品,使消费者的消费习惯发生改变,转向消费其他产品,从而使原有的农产品销量迅速下降,利润额迅速减少,标志着农产品已经进入衰落期。这个阶段可以沿用过去的策略,在目标市场、价格、分销渠道、促销活动等方面保持原状,采用持续营销策略,因为众多的竞争者纷纷退出市场,现有的顾客会集中到少数保持经营的企业,通过提高服务质量,发扬经营特色,销售量有时不一定减少;也可以采取集中营销策略,把能力和资源集中到最有力的细分市场和销售渠道上,缩短经营路线,从中获取利润;或采取缩减营销策略,就是精简营销人员、大力降低促销费用,并从忠实于本企业农产品的顾客中获取眼前利润。对于衰落比较迅速的农产品,可以直接采取放弃营销策略,把农产品完全转移出去或立即停止生产,也可以采取逐步放弃的方式,将其所占用的资源逐步转移去生产其他产品。农产品市场生命周期曲线如图3-2所示。

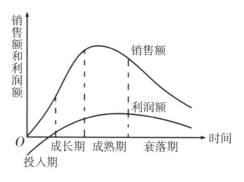

图 3-2　农产品市场生命周期曲线图

▶ 第四节　农产品新产品开发

一　开发策略

农产品有着生命周期,因此不能只顾经营现有的产品,而必须防患未然,采取适当步骤和措施开发新产品。农产品新产品开发有奇特策略、合并策略、节便策略、差异策略、形象策略、专门化策略等。

奇特策略是指新产品的造型、色彩、包装等奇特,以及新产品具有特殊用途。

合并策略是指把一些同类农产品的优点加以合并,开发出集同类农产品之长的新产品。

节便策略是开发出的新农产品,可以节约能源且结构简单、使用方便。

差异策略是指开发出的新农产品,与同类农产品相比,在性能、包装等方面具有显著差别。

形象策略是指开发出的新农产品,具有一定的外表形象,能满足消费者追求商品形象的需求。

专门化策略是指开发出的新产品,具有专门的功能和使用价值,从而提高市场占有率。

新产品开发速度快,能"捷足先登""先入为主",则更容易引起消费者偏爱。新产品开发后的售后服务,也使消费者获得新产品及其新服务。

二 开发程序

新产品的开发程序一般由新产品构思、筛选、产品概念形成与测试、初拟营销规划、商业分析、新产品研制、市场试销和批量上市八个阶段构成(图3-3)。

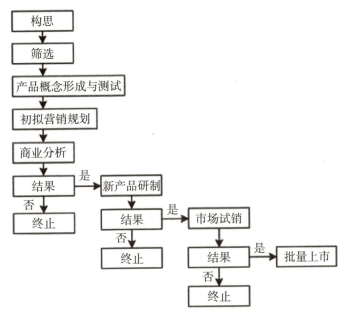

图3-3 新产品开发程序

1.构思阶段

构思是指为满足一种新需求而提出的设想。在产品构思阶段,营销部门的主要责任是积极地在不同环境中寻找好的产品构思,积极地鼓励

公司内外人员激发产品构思,并将所汇集的产品构思转送公司内部有关部门,征求修正意见,使内容更加充实。

2.筛选阶段

筛选阶段的主要目的是选出那些符合本企业发展目标和长远利益,并与企业资源相协调的产品构思,摒弃那些可行性小或获利较少的产品构思。

3.产品概念形成与测试阶段

新产品构思经筛选后,需进一步发展更具体、明确的产品概念。产品概念是指已经成形的产品构思,即用文字、图像、模型等予以清晰阐述,使之在顾客心目中形成一个潜在的产品形象。一个产品构思可以转化为若干个产品概念。在产品概念形成与测试阶段,对每一个产品概念都要进行定位,以了解同类产品的竞争状况,选择最佳的产品概念。选择的依据是未来市场的潜在容量、投资收益率、销售成长率、生产能力,以及对企业设备、资源的充分利用等。可采取问卷的方式将产品概念提交给目标市场中有代表性的消费群体进行测试、评估,问卷调查可帮助企业确立吸引力最强的产品概念。

4.初拟营销规划阶段

当企业选择了最佳的产品概念之后,必须制订把这种产品引入市场的初步市场营销计划,并在未来的发展阶段中不断完善。

5.商业分析阶段

完成营销规划的初拟后,需要进行商业分析,即从经济效益的角度分析新产品概念是否符合企业目标。此阶段一般包括预测销售额和推算成本利润两个具体步骤。预测新产品销售额可参照市场上类似产品的销售发展历史,并考虑各种竞争因素,分析新产品的市场地位、市场占有率等。

6. 新产品研制阶段

新产品概念通过商业分析后,即可交送研究开发部门或技术工艺部门试制成为产品模型或样品,同时进行包装的研制和品牌的设计。这是新产品开发的一个重要步骤。只有通过产品试制,投入资金、设备和劳力,才能使产品概念实体化,发现不足与问题,改进设计,才能证明这种产品概念在技术、商业上的可行性。需要注意的是,新产品研制必须使模型或样品具有产品概念所规定的所有特征。

7. 市场试销阶段

新产品研制后就是市场试销。新产品的市场试销需要考虑试销的地区范围、试销时间、试销中所要取得的资料、试销所需要的费用开支、试销的营销策略及试销成功后应进一步采取的战略行动等问题。

8. 批量上市阶段

一旦新产品试销成功,就可以正式批量生产,进行商业性投放。由于新产品全面投向市场需要支付大量费用,而新产品投入市场的初期往往利润微小,甚至亏损。因此,在此阶段应对产品投放市场的时机、区域、目前市场的选择和最初的营销组合等做出慎重决策。

▶ 第五节　农产品包装策略

农产品包装是对即将进入或已经进入流通领域的农产品或农产品加工品采用一定的容器或材料加以保护和装饰。农产品包装是整体产品的一个重要组成部分,绝大多数产品都要经过包装后才算完成生产过程,如粮食、肉类、蛋类、水果、茶叶、蜂蜜等农产品,不加包装则无法运输、贮存、保管和销售,以及送达消费者手中。在现代市场营销中,对商

品包装的要求早已不再拘泥于过去的那种保护商品、方便携带的功能，还需要符合消费者的生理与心理需要，通过更人性化的包装设计让人们的生活更舒适、更富有色彩。

农产品包装策略可以采用突出商业化农产品的用途和方法，做到简单易懂，增强农产品包装的知识性和趣味性；或者突出商品农产品形象，通过各种表现方式，突出农产品的形象元素，侧重于展示农产品的视觉形象。合适的农产品包装可帮助产品充分传达自身的信息，给购买者直观的印象，缩短选择过程。包装设计中也可以适当利用农产品自身的特殊背景，突出农产品特殊元素。这些特殊要素，能有效地区别同类产品，同时使消费者将产品与背景进行有效链接，迅速建立产品概念。通过包装也可以展示企业形象，将企业文化与已开发的农产品有机结合起来进行宣传，从而达到既展示企业文化、介绍其产品、打动消费者，又便于促销的目的。

▶ 第六节　农产品品牌策略

品牌是指销售者向购买者长期提供的一组特定的产品特点、利益和服务，是可以给拥有者带来溢价、产生增值的一种无形的资产。农产品品牌的载体是用于和其他竞争者的产品或劳务相区分的名称、术语、象征、记号或者设计及其组合，增值的源泉来自于消费者头脑中形成的关于其载体的印象。农产品品牌化是指农产品经营者根据市场需求与当地资源特征给自己的产品设计一个富有个性化的品牌，并取得商标权，使品牌在经营过程中不断得到消费者的认可，树立品牌形象，扩大市场占有率，实现经营目标的一系列活动。农产品品牌策略包括品牌规划、品牌建设、品牌宣传、品牌监管等内容。

一 品牌规划

农产品品牌的成功打造,品牌规划是前提。品牌创建前期,需结合农业资源优势、产业发展现状和地域文化特色,科学制定农产品品牌发展规划,明确产业特色、产品特色、区域布局、发展定位和目标市场,构建结构合理、规模适度、特色各异、优势互补的农产品品牌体系。

二 品牌建设

在品牌建设阶段,应塑造产品形象符号,明确农产品品牌名称、品牌理念,打造视觉形象。品牌名称是品牌之间竞争的有力武器,要为产品起一个富有创意的品牌名称以利于营销推广。然后通过品牌文化,建立品牌忠诚度,创造品牌优势地位的观念,加强消费者对品牌的黏性与传播力。最后通过logo视觉、VI视觉、产品外包装打造,建立品牌统一的视觉形象,包含logo样式及配色、配字、字体大小、元素、产品包装等。

三 品牌宣传

在品牌建设的巩固阶段,需做大、做好品牌的渠道及销售推广,通过对运营平台进行升级,丰富营销渠道,营造品牌声势,为产品积聚固定客源。而且通过宣传片的打造、产品短片的制作、线上线下的营销推广,构建多种传播物料适应多种传播环境,实现品牌传播的效用最大化。还要依托区域品牌特色,通过农产品产销对接平台建设,打造以最具特色农产品为重点的市场交易中心,吸引省内外客商进行收购销售,扩大销售途径和品牌影响力。同时,加快线上线下农产品销售渠道开发,积极参加农产品博览会、推介会等活动,实现品牌营销推广优化配置。

（四）品牌监管

在品牌创建的同时,需要强化品牌创建、发展、监管和保护制度,实行全程监管。要加强农产品质量安全监管工作,做好产品种苗、资材、肥料、药物防治监管,紧盯产业发展和农产品稳产保供、农民增产增收目标,实施农产品质量安全信用体系建设,大力推进农业标准化生产,实施农产品质量安全追溯和食用农产品合格证管理,落实从农田到餐桌的全程监管措施,做好农产品品牌保障。要以市场为主导,严格把控产品质量和品牌准入制度,在品牌创建的同时,相关部门负责品牌的形象构建、宣传规范等,不断完善品牌的形象体系,维护品牌商标版权。

第一节 农产品市场价格的形成与波动

农产品价格形成是指农业中商品与货币交换的比例,是农产品价值的体现。农产品的价格形成过程,也就是农产品生产、销售、经营成果集中反映的过程。一般而言,一定时期内农产品整体价格水平或某些农产品价格的高低直接取决于货币币值、农产品生产的成本、农业生产的自然条件、对未来市场的预期及其他相关商品的市场供求等因素。

商品的价格是商品价值的货币表现,在其他因素不变时,商品价格是商品价值和货币价值的比。生产成本是价格的重要组成部分,农产品成本主要有劳动力成本、种植土地成本、各种物资材料投入成本和流通成本各要素,其变化与农产品价格变化成正比。农业生产受自然条件影响比较大,自然条件包括气温降雨量、土壤等方面。当自然条件与农作物生长条件相符从而丰收时,农产品的数量增多从而会降低农产品价格。而一旦遭到异常灾害性天气侵害,农产品减产会使农产品价格波动大且价格提高。对未来市场状况的预期也会直接影响经济活动者的有关判断和决策,预期会改变当前或未来市场供求的实际情况,从而影响到农产品在现货市场和期货市场的价格。当人们得到未来商品供求情况的消息时,生产者和消费者会采取一定的措施,从而影响农产品的价

格。此外,对某一品种的农产品而言,其相关产品特别是可替代品的市场供求状况,会影响该产品本身的市场状况,进而影响到该品种商品的现货和期货价格。由于农产品在社会生活中的基础地位及生产的不稳定性,政府会对农业生产和农产品价格进行调控,从而影响农产品的市场价格。

▶ 第二节　农产品定价的依据

农产品定价是影响市场需求和购买行为的重要因素之一,价格制定得恰当会促进农产品的销售,提高农产品生产经营者的收益,反之,则会制约需求,降低收益。农产品定价主要考虑产品成本、市场需求和竞争状况三个因素。

一　产品成本

产品成本是企业定价的下限,一般说来,商品价格必须能够补偿产品生产及市场营销的所有支出,并补偿商品的经营者为其所承担的风险支出。其形式主要有生产成本、销售费用、储运费用、促销费用等。如果价格低于这些成本费用,企业就会亏损。

二　市场需求

成本决定了价格的底线,需求则是制定价格的"天花板"。顾客通过将企业所收取的价格和购买产品所带来的可感知价值或利益进行比较,从而得出该产品是优还是劣、自己是否购买的结论。企业定价不仅要考虑弥补成本,更重要的是要捕捉顾客心目中的可感知的价值。

三 竞争状况

农产品生产经营者在做价格决策时，还需要考虑竞争者的成本、价格及对自身价格变动可能做出的反应。如果市场处于高度竞争的状态，农产品的供应种类高度一致，农产品经营者想制定一个高于现行价格的价格就很难吸引购买者。因为如果价格太高，购买者就会转向其他同类产品。如果市场存在适度竞争，产品有较大的差异，则对产品定高价可以获得成功，因为消费者会认为其所供应的产品与众不同，有独特性。

▶ 第三节　农产品定价的方法

农产品定价需要站在整体的角度，考虑各方面因素，为产品制定一个具有一定市场竞争力，既能为消费者接受，又符合经营者利益的价格。常用的方法有成本导向定价法、需求导向定价法、竞争导向定价法等。

一 成本导向定价法

成本导向定价法是指以产品的成本为中心来制定价格，包括成本加成定价法和目标利润定价法。成本加成定价法就是单位产品成本加上一定比率的利润和税金来确定产品售价；目标利润定价法就是产品的价格能实现企业预期的目标利润，根据企业的目标利润制定产品的价格。

二 需求导向定价法

需求导向定价法是指根据市场需求状况和消费者的接受程度制定产品的价格，包括理解价值定价法和需求差异定价法。理解价值定价法

是指根据某种农产品在消费者心目中已形成的习惯认知和评价,定价时迎合消费者的心理需求,制定出消费者认为合理的价格。需求差异定价法是指以消费者需求为依据,根据不同的销售时间、销售地点、产品和顾客等制定不同的价格。

三 竞争导向定价法

竞争导向定价法是指根据竞争者产品的价格制定本企业产品的价格,并根据竞争者产品价格的变动来调整价格。这种定价方法主要有随行就市定价法,根据市场中同类产品的价格进行参考来定价。这种定价方法把定价作为维持和扩大市场占有率、实现销售目标的手段,所制定的价格与成本没有太多关系。

▶ 第四节　农产品定价的策略

农产品定价的策略是在定价目标的指导下,根据农产品特征和市场条件,综合考虑影响价格的各种不同因素,运用具体的定价方法,对农产品价格进行决策。常用的定价策略有渗透定价策略、撇脂定价策略、分档定价策略、折扣定价策略等。

一 渗透定价策略

渗透定价策略的理论根据是市场上存在一大群普通消费者,他们的购买行为相当理智,希望支付相对于产品品种和服务水平而言的较低的价格来获得较高的满足。这种定价策略通过高质中价、中质低价、低质低价的方式,利用低价低利有效地阻止竞争者加入,产品能较长时间地占领市场。渗透定价策略适用于新产品进入市场;产品市场规模大,市场竞争性较强;产品需求弹性较大,消费者对产品价格反应敏感,稍微降价就会刺激需求;大批量生产能显著降低成本;薄利多销的利润总额大于按正常价格销售的利润总额等情况。

二 撇脂定价策略

撇脂定价策略是指新产品进入市场后,经营者有意识地把产品价格定得大大高于成本,使其能在短时间内把开发新产品的投资和预定的利润迅速收回。采用这一策略的经营者在促销时,产品价格定到什么程度不以成本为标准,只要能满足顾客的炫耀心理,能显示出商品的高品质、高附加值即可。这一策略的实施往往配以强大的宣传攻势,将产品推向市场,使消费者尽快地认识新产品,在短时间内形成强烈的需求欲望和购买动机。当然,采取高价策略要有支持高价的产品特性。比如,高价产品应该能突出显示消费者的地位和财富,意味着产品高品质、高档次等。

三 分档定价策略

分档定价策略是指根据不同顾客、不同时间和不同场所,在经营不同牌号、不同花色和规格的同类产品时,不是一种商品一个价格,而是把商品分为几个档次,每一档次定一个价格。分档定价可以针对不同顾客群体定不同价格。如许多会员商店,对会员顾客实行标明的价格售货,而对非会员顾客购物则要加收价格的5%~10%。或者同一产品,按不同花色、样式和规格实行分档定价。如把同为红富士品种的苹果按照大小分成不同的等级,每个等级确定一个价格;出售猪肉时,根据不同部位确定不同的价格。也可以按照销售场所的区位优势、交通便利程度、商服繁华度、消费群体层次和实践等因素确定不同的价格。实行分档定价的

前提是市场是可以细分的,且每个细分市场的需求强度不同;商品不可能从低价市场流向高价市场,不可能转手倒卖;高价市场上不存在削价竞争;分档定价不应引起顾客不满等。而且所分的档次不宜太少也不宜太多,因为档次太多,价格差别太小,起不到分档作用;档次太少,价格差别太大,则容易使期望中间价格的消费者没有合适的购买对象。

(四) 折扣定价策略

折扣定价策略是指经营者在顾客购买商品达到一定数量或金额时予以价格折扣。折扣定价策略包括数量(或金额)折扣、现金折扣、交易折扣等。

1.数量(或金额)折扣

数量(或金额)折扣是为了鼓励顾客多购买,达到一定数量(或金额)时给予某种程度的折扣。其形式有累进折扣和非累进折扣两种。累进折扣为买方在一定时期内累计购买达到一定数量或金额时,给予一定折扣,购买越多,折扣比例越高。非累进折扣是当一次购货达到卖主要求的数量或金额时,就会给予折扣优待。

2.现金折扣

现金折扣是指消费者在赊销购物时,如果买方以现金付款或者提前付款,可以得到原定价格一定折扣的优惠。主要是销售商为及时回收货款而采取的一种价格促销方式。

3.交易折扣

交易折扣是根据各类中间商在市场营销中功能的不同给予不同的折扣,使中间商在不同的环节上都能得到合理利润,从而乐意经销生产者的产品。交易折扣表现在农产品销售中为产地价、批发价、零售价的差价。

第一节 农产品营销渠道

营销渠道又称为"分销渠道",有人又称之为"配销渠道""销售通路""流通渠道"。营销渠道不仅仅是产品从生产者向消费者移动的途径,更是表现出渠道各成员间在产品移动过程中所承担的营销职能及为承担这些职能而建立起的各种联系。正是这种职能变化和渠道成员关系的变化促使了营销渠道的不断发展。

一 农产品营销渠道的定义

根据美国营销学家菲利普·科特勒的营销思想,农产品营销渠道是指一切促使农产品顺利地被使用或消费的一系列相互依存的组织或个人。它包括供应商、经销商(批发商、零售商等)、代理商(经纪人、销售代理等)、辅助商(运输公司、独立仓库、银行、广告代理、咨询机构等)。

二 农产品营销渠道的作用

第一,农产品只有通过市场交换,才能到达消费者手中,才能实现其价值和使用价值,企业才能盈利。农产品营销渠道连接生产和消费两端,是由一系列商业中间人联结而成的。这些商业中间人类似于大大小

小的蓄水池,在农产品供过于求的地区或季节,将农产品蓄积起来,在供不应求的地区或季节销售出去,可以有效缓和农产品市场地区性和季节性供求不平衡的矛盾。

第二,一个生产企业依靠自己的力量出售自己的全部产品要占用相当多的人力、物力、财力和时间,从长远观点和宏观经济分析都是不合算的。选择合适的营销渠道,可以缩短流通时间,相应地缩短再生产周期,直接促进生产的发展;也可以减少在流通领域中占压的商品和资金,加速资金周转,扩大商品流通,节省流通费用。

第三,仅仅依靠自己的力量直接向消费者出售产品,其销售范围和销售数量是非常有限的。如果选择合适的营销渠道,将产品交由商业中间人销售,则可以运输到很远的地方,从而扩大产品的销售范围。同时,一些商业中间人为了自身的利益也乐于为产品做广告,这样就有可能增加销售数量,从而提高产品的市场竞争能力。

三 农产品营销渠道的发展趋势

第一,当今的经济背景下,顾客的需求日益个性化,信息技术为异地交易提供了物质基础,便利的运输大大提高了农产品物流的速度,顾客在市场上可以根据需要购买想要的农产品,随着顾客对农产品营销渠道过程的参与程度越来越高,农产品渠道呈现结构短化和扁平化趋势。

第二,农产品营销渠道呈现出渠道系统一体化以及渠道内部关系从交易关系向合作联盟发展的新趋势。传统的农产品营销渠道成员间,目标和运作过程都有可能存在差异,形成目标不同、运作过程不同的痛苦关系,目标不同而操作过程相同的误解关系或目标相同、过程不同的错误关系。随着农产品市场营销的竞争日趋激烈,这些矛盾关系必然影响各成员的共同利益。为获得渠道的协同效应,渠道成员"抱团打天下",

实行一体化。从20世纪80年代开始,各渠道成员之间逐渐建立起在交易关系基础上的合作关系、在合作关系基础上的伙伴关系和在伙伴关系基础上的联盟关系。

　　渠道系统的一体化可分为垂直一体化、水平一体化和渠道集成化。垂直一体化是指生产者和中间商组成的一种合体,如我国"公司+基地+农户"模式。水平一体化是由两个或两个以上渠道成员利用各自优势联合开拓农产品市场机会,如可口可乐公司与雀巢公司合作共同成功开发出国际饮料——咖啡。渠道集成化也称多渠道化,是指同时运用两个或两个以上的营销渠道通路进入某一细分市场,如农业综合商社等。

▶ 第二节　农产品供应链管理

　　供应链是指围绕核心企业,通过对信息流、物流、资金流的控制,从采购原材料开始,制成中间产品及最终产品,最后由销售网络把产品送到消费者手中,将供应商、制造商、分销售、零售商直到最终用户连成一个整体的功能网链结构。供应链管理是一种集成的管理思想和方法,它执行供应链中从供应商到最终用户的物流计划和控制等职能。

一　农产品供应链特点

　　农产品供应链是为了生产并销售农产品而相互联系的产业组织体系,分为原料供应、生产、加工、流通和消费五个环节。与工业产品相比,农产品具有生长周期较长,并且具有明显的脆弱性,易受生物及季节、气候等自然环境影响,易腐败,因此农产品供应链具有资产专用性高、不确定性较大、差异明显、整体要求高等特点。

1.资产专用性高

资产专用性高是由于农产品是易腐产品且多为食品,只有采取特定的措施,才能保证农产品的新鲜度、保障农产品的质量,从而才可以让其进入消费市场。农产品常常需要分类、加工和储藏,受区位、季节和气候等自然条件的影响,在农业生产方面的投资具有更长的回收期,厂商进入和离开的阻力较大。此外,在储运过程中,部分品种需要专用性资产,如奶产品的物流需要专用的设备。

2.不确定性较大

不确定性较大是由于农产品生产和消费的分散性,尤其是市场信息极为分散,使人们难以全面把握市场供求信息及竞争者、合作者的信息。如果盲目生产某种农产品,会导致其在上市季节短时间内难以售罄,造成"卖难",从而使农产品供应链具有更多的不确定性和风险。这一方面增加了交易成本,另一方面增加了供应链整合中的机会主义倾向,形成"谷贱伤农"的局面。

3.差异明显

各类农产品供应链的差异明显,是因为各类农产品的供应链存在差异,各具特色。具体差异主要表现为供应链长度(所包含的层面数)和供应链宽度(各层面供应商或客户的数量)之间的差异。例如,棉花主要是纺织服装的原料,其生产集中而消费分散,供应链很长;而禽肉、蔬果等鲜活农产品则要求流通环节少,供应链较短。

4.整体要求高

农产品供应链管理的整体要求高是为了缩短农产品的流通时间,减少农产品产后损失、提高物流效率,供应链常常必须"一体化"——对产前农资(如种子、肥料和农机等)供应、农产品生产与加工、产后农产品配送、农产品销售和农产品最终消费的各环节进行协调,注重农产品产与销的衔接。而且从"以销定产"来看,农产品供应链是一种逆向的需求拉动式物流,需要重视与消费者之间的信息沟通和引导,提高消费者服务水平,从而对物流要求较高。

二 农产品供应链管理模式

农产品供应链管理是供应链管理理论在农业领域中的具体应用,是将农业生产资料供应及农产品生产、加工、储运、销售等环节连成一个有机整体,并对其中的人、财、物、信息、技术等要素流动进行组织、协调与控制,以期获得产品价值增值的活动过程。加强农产品供应链管理,实现农产品在生产、流通、加工、库存等各环节的价值增值,是提高农产品竞争力的重要举措。从产业链参与主体来看,农产品供应链管理模式可以归纳为加工企业主导型、物流企业主导型、大型零售商主导型三种模式。

1.加工企业主导型

在加工企业主导型农产品供应链管理模式中,农产品加工企业是农产品供应链中的核心主体,具有较强的市场力量。这种模式通过在供应链的"生产端",以加工企业为中心,保证生产活动的稳定性,为农户提供资金、技术和生产资料等方面的支持。在供应链的"销售端",通过中介组织(如合作社和协会等),企业与加工企业相联系,使得农户以"公司+农户"的形式与中间商(如批发商、经纪人和零售商等)联系起来。这样,供应链就从农户经由合作社(或协会)——加工企业——中间商,最终向消费者延伸,进而实现农产品供应链整体的规模经济,降低生产与流通成本,提高生产效率。

2.物流企业主导型

在物流企业主导型农产品供应链管理模式中,物流企业是供应链的核心主体,一般具有较大的规模与物流能力,可以构建供应链管理平台,

同时为多个上游环节及下游环节提供物流服务。农产品物流中心可由农产品批发市场(或集贸市场)发展而来,以物流企业为核心,通过对批发市场(或集贸市场)的升级改造,采用先进的电子信息技术辅助农产品交易,配备完善的物流体系和信息平台、资金平台和技术平台——形成供应链管理平台,使得物流中心成为联结生产、加工企业、零售的核心环节和供应链管理平台的主要管理者。

3.大型零售商主导型

在大型零售商主导型农产品供应链管理模式中,主导供应链的零售商(如超市)向农产品生产基地或产地批发市场集中采购农产品,然后经由配送中心流通加工、配送后,再在农产品大型超市、经销公司、专业商店、连锁商店销售。该模式主要适用于食用生鲜农产品。这类供应链管理模式在国外被称为"种子-食品",我国称其为"田头-餐桌"。在大型零售商主导型供应链管理模式中,零售商采购谈判能力强,实行集中采购商品(零售商可自建或共建生产基地),建立扁平化渠道——直接而有效的流通渠道,减少了农产品流通的中间交易环节,降低了交易成本,也便于从农产品的生产源头进行标准化生产和质量安全控制。

(三) 农产品供应链管理措施

农产品供应链管理突破了农户与企业的边界,把资源配置和组织管理向企业边界延伸,体现了农产品买方市场下以市场需求为重心的管理理念。

农产品供应链管理应以市场为导向,加强综合战略合作。农产品供应链的实质就是纵向战略合作,农资供应商、批发商、加工商、配送商和分销商应具有先进的供应链管理理念,明确自己在供应链中的地位,以市场为导向,加强彼此之间在技术、人员、职能、信息各方面的协作,发展一种连续、长期稳定、互利的战略合作伙伴关系,并最终通过功能整合、策略联盟和优势互补提高整个供应链的协议计划能力、资源调配能力、质量监控能力、信息管理能力、客户需求满足能力,实现整体利益最大化。这样,务必改革过去条块分割的分段管理体制,对农产品产前、产中和产后的物流环节进行统一管理和协调。

农产品供应链管理应以农户为主体,加强组织体系建设。具体包括组织农民参与供应链,提高农户在农产品供应链中的地位。精心培育农民协会(或农民合作组织),积极鼓励农民因地因产品制宜创办各种基层行业协会,提高农民组织化程度,增强市场竞争力和自我保护能力。最后发挥农业产业化组织的作用。产业化组织积极发展订单农业,与农户签订购销契约,建立稳定的供销关系,让农民能参与流通领域利润的二次分配,得到实惠。

农产品供应链管理还要以龙头企业为主导,构建管理平台。要采取多渠道、多形式、多元化的办法,打破所有制、地域、行业界限,尽快培育有竞争力和管理组织能力的农产品供应链的龙头企业。发展"公司+基地+农户""公司+专业协会+农户"等组织形式,提高其市场竞争力。供应链中的龙头企业应致力于建立供应链和服务战略,发挥龙头企业的核心作用、业务带动作用和价值创造作用,与其他企业发展紧密或半紧密的战略合作关系,共建有效的内部定价机制、合理的激励约束机制、公平的利益分配机制、健全的业务协同机制。

▶ 第三节　农产品加工

农产品加工是以农、林、牧、渔产品及其加工品为原料所进行的生产

加工活动,农产品加工的含义有广义和狭义之分。广义的农产品加工是以人工生产的农业物料和野生动植物资源为原料进行工业生产活动的总和。狭义的农产品加工是指以农、林、牧、渔产品及其加工品为原料所进行的工业生产活动。

按对原料的加工程度,农产品加工可分为初加工和深加工。初加工是建立在以自然经济为主的基础上,凭借经验的积累进行生产,一般属于劳动密集型加工,如酱菜、腌制品等。深加工是建立在社会化生产的基础上,应用现代科学技术进行的现代化加工手段,如蔬果饮料、奶制品、饼干食品等。在我国,农产品深加工是集机械加工、食品加工工艺、食品微生物、食品包装、食品贮藏和运输等各种专门技术于一体的综合性技术,是农业现代化的重要发展趋势。

按生化性质,农产品原料可分为稳定型和鲜活型两大类。因此,农产品加工可分为稳定型加工、鲜活型加工两种方式。

稳定型加工由于农产品原料稳定,存放费用低、消耗低,农产品加工品增值部分在市场销售认可的条件下,只需考虑原料运输成本对经济效益的影响即可,因此应把工厂(生产线)设在原料生产区,节省原料运输费用,而且生产规模愈大,商品单位成本愈低,适宜大规模工业化生产。现实生活中,这种类型的农产品加工无论是采用劳动密集型还是资金密集型,只要发挥当地资源优势都容易取得良好的经济效益。

鲜活型加工不但要考虑原料运输成本的增加,还要考虑鲜活型农产品原料存放费用加大、消耗加大等因素,特别是工厂(生产线)周围发生自然灾害或鲜活型农产品产量减少时,势必要到外地调购原料,其运输成本的增加严重影响经济效益。现实生活中,鲜活型农产品加工经济效益难以控制。因此,鲜活加工品增值部分在市场上销售认可的条件下,需要对鲜活型农产品原料类型进行具体分析,即是畜禽类还是蔬果类,以及保质期长短、存放原料费用大小、运输距离远近等因素,先进行加工规模设计,设计出最佳的投资规模,才能取得最佳的经济效益。现实生活中,资金充足时如果存在有贪大求全思想,加工规模过大,效益会下降;反之,缺乏资金,没能形成一定的加工规模,也难以取得最佳经济效益。

随着农产品加工的发展,出现了移动型加工模式。与以上两种农产品加工模式相比,移动加工技术是农产品加工新的产业模式,即加工厂(生产线)可移动到农产品原产地原料相对集中的地方,就地开展农产品加工,减少了原料运输费用和损耗。相比之下,移动几十辆车次的加工厂(生产线)比几百辆、几千辆乃至上万辆车次的农产品原材料运输的成本要少得多,更可节省鲜活型农产品原材料运输途中大量的损失消耗。另外,移动加工可在原产地进行农产品原料检测,在源头把好质量关;在原产地现收农产品原料现加工,既减少了农产品原材料运输成本与损耗,又保证了原料新鲜,只有原料好才能出好产品;可以建立农产品原材料原产地网上档案(身份证)系统,确保食品安全,利于品牌建立;向市场提供加工包装好了的农业加工品,而不再是农产品初级原料,是一种全新的农产品加工模式与运作方式。

从市场营销角度而言,农产品加工应注重不断提高加工技术水平,着眼于市场消费,重视消费者心理及行为引导。从消费者的心理角度来看,消费者对加工农产品的需求也有一个认知的过程,对其质量安全的认识引导更是需要一个过程。消费者认知包括对经过加工的农产品的感觉知觉、记忆、思维、想象等,以及相应的偏好与态度。农产品生产者应基于这些认知,加强对经过加工的农产品质量安全认识的正面引导。

第四节 农产品库存管理

农产品库存管理是农业企业对生产、经营全过程的各种物品、产成品及其他资源进行管理和控制,使其储备保持在经济合理的水平上。农产品库存可以分为两类:一类是生产库存,即直接消耗物资的基层企业的库存农产品(如食油厂用于炼油的花生),是为了保证企业所消耗的物资能够不间断地供应而储存的;一类是流通库存,即生产企业的成品库存(如已经加工成成品的花生油)、生产主管部门的库存和各级物资主管部门的库存。此外,还有特殊形式的国家储备物资(如为了保障粮食安全的粮食储备库存),它们主要是为了保证及时、齐备地将物资供应或销售给基层企业、事业单位的供销库存。对国家物资主管部门下属的物资经营者来说,库存主要包括大宗按计划进货供应的物资、年度计划尚未安排具体用户和用途的待分配物资、发挥"蓄水池"作用必须购进的物资和正常供应所需的周转库存等。

农产品库存管理是农产品供应链管理的一个重要组成部分。企业事先并不知道市场真正需要什么,只是按对市场需求的预测进行生产。首先,为应付市场的销售变化,产生一定数量的库存是必需的。虽然零库存是农产品供应链管理的基本趋势,对生鲜农产品尤其如此,但通过库存管理,可以维持农产品消费市场的稳定。其次,农业企业按销售订单与销售预测安排生产计划,并制订采购计划,下达采购订单。由于采购的物品需要一定的提前期,这个提前期是根据统计数据或者是在供应商生产稳定的前提下制定的,但存在一定的风险,有可能拖后而延迟交货,最终影响企业的正常生产,造成生产的不稳定。为了降低这种风险,企业通常会增加材料的库存量,从而维持农产品生产的稳定。由此可见,企业在采购材料、生产用料、在制品及销售物品的物流环节中,库存起着重要的平衡作用。采购的材料也会根据库存能力,协调来料收货入库。另外,生产部门的领料也会考虑库存能力、生产线物流情况(场地和人力等)平衡物料发放,并协调在制品的库存管理,从而有助于平衡企业物流。从会计学角度来看,库存会占用企业的流动资金,如果库存量过大,流动资金占用量过多,就会影响企业的经济效益;库存量过小,又难以保证生产持续正常进行。因此,确定库存量的多少必须遵循适度定额和合理库存周转量两个原则。而且,库存的材料、在制品及成品是企业流动资金的主要占用部分,因而库存量的控制实际上也是进行流动资金的平衡。加大订货批次,会提高企业的订货费用;保持一定量的在制品库存,会影响经济效益。所以,做好库存管理也有利于平衡企业流动资金。

▶ 第五节　农产品物流

物流是指利用现代信息技术和设备,将物品从供应地向报收地准确地、及时地、安全地、保质保量地、门到门地运送的合理化服务模式和先进的服务流程。农产品物流是指为了满足消费者需求而进行的农产品物质实体及相关信息从生产者到消费者的物理性流动,主要包括农产品生产、收购、运输、储存、装卸、搬运、包装、配送、流通加工、分销、信息活动等一系列环节。

农产品物流从生产到消费,从产地到城市消费市场,包括多个环节,把农产品从生产、采摘、分类、包装、加工、储藏、运输,到配送、销售等环节快速有效地整合起来,减少农产品流通中的价值损失,提高农产品流

通效率。农产品物流有利于降低农业生产资料的采购成本,有利于抑制农业生产资料的不合理涨价,有利于保证农业生产资料的质量。物流信息可以用以指导农产品的生产和流通,减少农业生产和流通的盲目性。物流运作有利于形成合理的专业分工,从而提高农产品生产水平和销售水平,打造农业生产组织及流通组织的核心竞争力,形成农产品生产及销售的专业优势、品牌优势。发展农产品物流有利于科学技术在农业生产和流通方面的利用与推广。

广义上的农业不但包括种植业,而且包含林业、畜牧业、副业、渔业等。不管是粮食、经济作物,还是畜牧产品和水产品,都大量转化为商品,商品率很高,它们不仅直接满足人民生活需要,而且向食品工业、轻纺工业、化工工业提供原料,需求量大、范围广,使得农产品物流数量特别大、品种特别多。这也要求农产品进行空间范围的合理布局和规划,如果某一地区不顾自然条件,盲目种植,其产量和质量均比适宜地区低得多。这样的农产品会因为销售困难而难以进入流通渠道,可能较长时间地储存于仓库,对农产品物流的通畅造成障碍。

此外,农产品自身的生化特性和特殊性决定了它在基础设施、仓储条件、运输工具、技术手段等方面具有相对独立的特性。在农产品储运过程中,为使农产品的使用价值得到保证,需采取低温、防潮、烘干、防虫害等一系列技术措施。这并非交通部门和其他部门都能做到的,它要求有配套的硬件设施,包括专门设立的仓库、输送设备、专用码头、专用运输工具、装卸设备等。而且农产品物流中的发、收及中转环节都需要进行严格的质量控制,以确保农产品品质、质量达到规定要求。这是其他许多商品所不具备的,因此农产品物流的运作具有相对独立性。

与一般产品的运输相比,农产品运输具有装卸的多次性、运输的不均衡性及对运输的技术性要求高等特点。一方面是由于农业生产点多、面广,消费农产品的地点也很分散,农产品运输和装卸比多数工业品要复杂得多,常常需要两个以上的储存点和两次以上的装卸工作,单位产品运输的社会劳动消耗大。只有科学规划农产品物流流向,才能有效地避免对流、倒流、迂回等不合理运输现象。另一方面,由于农业生产的季节性,在农业运输上,不管是农用生产资料的运输还是农产品的运输都具有时间性强和不均衡性的特点。播种前,大量有机肥要在短期运到田间,而收获期间大量农产品又要从田间运回,各种农产品的收获季节也是农产品的紧张运输期,在其他时间运输量就小得多,因此要求运输工具的配备和调动与之相适应。而且它是有生命的动物性与植物性产品,所以农产品的物流特别注重"绿色物流",在物流过程中要做到不污染、不变质。

按照不同的主体主导,农产品物流也可分成批发市场主导型、农业合作组织主导型、农业龙头企业主导型、农产品物流园主导型、农产品第三方物流主导型等模式。

在农产品产区或销区建立批发市场,形成批发市场主导型农产品物流模式。农产品批发市场,按性质分,有综合性的农贸市场和专业性的批发市场;按作用分,有产区市场和销区市场。商品最初是由交换者直接进行交换的,商品的多种交易和商品的多头交易逐渐推动了市场的形成。农产品的销区市场是最典型的多种交易和多头交易市场,以销区市场进行交易并引导农产品物流是较为合理的,但是对于产区的市场并不尽然。产区如果是由少数的生产组织进行专业化、规模化生产,那么产区就不存在农产品的汇聚问题,规模化组织生产出来的产品不经过汇聚就可直接进入主渠道物流,减少了产区市场这个中间交易环节和物流转换环节,物流效率大大提高,物流成本将大大降低。

农业合作组织可以提高农业生产的组织化程度,培育农民以更高的

组织形式进入市场,缓解小生产与大市场(市场规模大和消费者分散)之间的矛盾。农业合作组织的意义虽远不止于发展农产品现代物流,但农业合作组织对发展农产品现代物流的重要意义即是如此,即形成农业合作组织主导型农产品物流模式。从生产经物流到消费的流通过程中,也可以采用组织的形式对物流模式进行改进,即用中介组织来代替市场的中介功能,实现信息流、商流、物流的一体化。

农业龙头企业主导型农产品物流模式是指由龙头企业把分散的生产集中起来进行产品加工,然后利用组织分销渠道直接将产品运送到终端市场进行销售,通过契约的方式进行后向资源整合,将生产组织也纳入一体化的范畴来,形成以农业龙头为中心的农产品物流模式。我国没有进入市场经济以前,通过国有粮食仓储企业和国有粮食加工企业肩负着这种中介的功能,其基本上属于这种模式。

农产品物流园区是指在农产品物流衔接地形成的具有综合物流功能的节点和空间集聚体,拥有多种物流服务和物流设施的不同类型的农产品物流企业在空间上相对集中而形成的场所。农产品物流园区的企业按照专业化的原则组织农产品物流活动,依靠整体优势和互补优势,形成一定的综合效应和规模效应,进而促进农产品物流一体化、集约化发展。不但在物流流程上实现了农产品物流的一体化、在综合管理上实现管理集约化、在产业集群上实现规模化,而且在存储、运输、装卸、加工、信管、中介等领域进行有机结合和集成,从而在园区内形成了一个社会化的高效农产品物流体系,形成以农产品物流园区为中心的农产品物流模式。

提供农产品第三方物流服务的企业,前身一般是运输业、仓储业等从事物流活动及相关活动的企业。从事第三方物流的企业在委托方物流需求的推动下,从简单的存储、运输等单项活动转为提供全面的物流服务,其中包括物流活动的组织、协调和管理、设计建议最优物流方案、物流全程的信息收集、管理等。第三方物流服务是由一些大的公共仓储公司通过提供更多的附加服务演变而来的,另外一种产生形式是由一些制造企业的运输和分销部门演变而来的。把库存管理的部分功能委托给第三方物流系统管理,可以使企业更加集中精力于自己的核心业务,第三方物流系统起到了供应商和客户之间联系的桥梁作用。

为降低交易成本,并进一步增强农户自身的渠道权力,更好整合农产品物流的价值链,减少中间流通环节是大势所趋,农产品物流体系的扁平化也是大势所趋。随着农产品的产销越来越强调"点对点"和"定制化","农超对接"模式将成为一种重要模式。现实中,"农超对接"通常是农户以合作社为依托,直接与超市签订供货协议,由合作社根据供货协议直接向超市供应农产品的一种新的农产品流通模式。这种模式将千家万户的小生产与千变万化的大市场对接起来,构建市场经济条件下的产销一体化链条,减少了中间环节,实现商家、农民、消费者共赢,形成直接、快捷、低成本的物流模式。

在信息化背景下,农产品电子商务的出现打破了农业传统的流通方式,从而使买卖双方摆脱了时空限制。农产品电子商务缩短了农产品"从田头到餐桌"的距离,缩减了农产品流通的中间环节,将农产品直接销售给消费者,物流体系的管理日益"信息化",农产品电子商务成为新型业态。

▶ 第六节　农民专业合作社

农民专业合作社是在农村家庭承包经营基础上,同类农产品的生产

经营者或者同类农业生产经营服务的提供者、利用者自愿联合、民主管理的互助性经济组织。农民专业合作社以其成员为主要服务对象,提供农业生产资料的购买,农产品的销售、加工、运输、贮藏,以及与农业生产经营有关的技术、信息等服务。

农民专业合作社与以公司为代表的企业法人一样,是独立的市场经济主体,具有法人资格,享有生产经营自主权,受法律保护,任何单位和个人都不得侵犯其合法权益。2006年10月31日,中华人民共和国第57号主席令颁布了《中华人民共和国农民专业合作社法》,明确只有从事经营活动的实体型农民合作经济组织才是农民专业合作社,那些只为成员提供技术、信息等服务,不从事营利性经营活动的农民专业技术协会、农产品行业协会等不属于农民专业合作社。此外,农民专业合作社强调其成员主体是农民,至少要占到成员总数的80%。法律明确规定,成员总数在20人以下的,可以有1个企业、事业单位或社会团体成员;成员总数超过20人的,企业、事业单位或社会团体成员数量不得超过成员总数的5%,其目的是从法律上保护处于弱势地位的农民的利益。农民专业合作社是以成员自我服务为目的而成立的,参加农民专业合作社的成员,都是从事同类农产品生产、经营或提供同类服务的农业生产经营者,目的是通过合作互助提高规模效益,完成单个农民办不了、办不好、办了不合算的事。这种互助性特点,决定了它以成员为主要服务对象,决定了"对成员服务不以营利为目的"的经营原则。另外,强调成员地位平等,实行民主管理,主要体现在享有选举权、被选举权和表决权,其成员各享有1票的基本表决权。这从法律上防止了少数出资额或者交易量(额)较大的成员对专业合作社的操纵,同时对此部分成员设立了有一定限制的附加表决权。盈余主要按成员与专业合作社的交易量(额)比例返还。其目的是鼓励成员多通过专业合作社对外销售产品,以形成规模优势,获取更高的利益。

从产业链的角度而言,农民专业合作社具有组织、服务和合作三大功能。组织功能就是农民合作社作为自愿联合、民主管理的互助性经济组织,在稳定家庭承包经营的基础上,将农民联合起来,破除小农户分散经营的困境,提高农民组织化程度,适应农业规模化、专业化的要求。合作社将小农户组织起来后,有助于带动小农户进入市场,培养小农户的市场意识,锻炼自身参与市场竞争的能力,增强农户抵抗市场风险的能力。合作社依据当地的生产条件,结合国家产业政策和市场信息组织生产,并且合作社组织的交易规模比单个小农户更大,增强农户市场交易力量,交易次数低于单个农户自产自销的形式,减少搜寻、谈判、监督等交易成本。服务功能是指贯穿农业产业链的生产性服务基本都属于合作社的业务范围,涉及农业产前、产中、产后各环节,农民合作社能够将小农户生产融入农业现代化的大生产之中,将先进适用的品种、技术、装备等要素导入农业生产,改变粗放、生产效率低下的传统经营方式;通过建立具有公司性质的专业化农机合作社专门为农户提供农机社会化服务,从而降低农产品的生产成本,提高农业经营效益;采用新品种和标准化生产,提高农产品产量和品质,最后建立稳定的供销关系,线下以农超对接、农社对接,线上发展网上购销对接的农产品电子商务,减少中间环节,降低单位运输成本、销售成本,促进小农户增收。同时在整个生产链中,合作社直接赊销农资,开展内部信用合作、资金互助及提供贷款担保,为小农户提供信贷支持的金融服务,缓解小农户融资困境。农民合作社还提供教育培训,带动小农户快速掌握和使用新技术,将农业科技转化为生产力,提高小农户发展现代农业的能力。合作功能是指在实现农业产业化的利益联结中,"公司+农户"以订单农业的形式由企业与农户建立购销关系,企业处于优势地位,为农产品价格操纵等不公平交易

提供了机会,农户在农业产业价值链的利益分配中被边缘化,在市场价格变化较大时,由于信息不对称和契约的不完全性,农户和企业都容易发生违约行为。如果以"龙头企业+合作社+农户"模式合作,合作社作为中介有利于实现龙头企业和小农户的有机联结,起到协调作用。龙头企业与合作社签订合同,合作社再组织社员进行生产,保证龙头企业所需订单的顺利完成,既克服企业交易成本过高,又能保障农户利益,防范双方毁约,稳固各方的长期合作关系。另外,日益兴起的股份合作还能够吸纳小农户投资,增强农业产业化各主体的利益联结关系,有利于合作各方向"风险共担,利益共享"转变。

▶ 第七节　农产品经纪人

农产品经纪人是指从事农产品收购、储运、销售,以及销售代理、信息传递、服务等中介活动而获取佣金或利润的经纪组织和个人。经纪人把买方和卖方联结在一起,主要作用是提供商品信息,其本人并不掌握商品实体,所以只要设立办事处即可。经纪人的佣金或由雇主支付,或按成交额比例提取。在农产品营销中,经纪人起着很重要的作用。

农产品经纪人按从业构成,可以分为销售型经纪人、科技型经纪人、信息型经纪人、复合型经纪人等种类。为规范全国各地大量存在的农产品流通领域的各种中介行为,国家劳动和社会保障部制定了农产品经纪人职业资格制度,所有在农村从事农产品经营中介活动的人员都需要经过培训取得农产品经纪人职业资格证书,持证上岗。

从产业链的角度而言,农产品经纪人可以促进农村的资源优势快速转化为商品优势。随着农村经济的发展,一大批具有专业性质的农产品基地逐渐形成。把农产品推向市场,加快农产品转化为商品的速度,需要有良好的流通渠道。农产品经纪人在这个方面可起到很好的沟通、中介作用。一方面,农产品经纪人可以把本地的农产品资源介绍给市场,把市场需求和本地生产紧密连接起来,在本地形成强大的商品优势,使资源优势能快速转化为市场优势。而且农产品经纪人也有助于调整农业产业的结构,促进农业产业结构合理化。这是因为作为生产和消费的纽带,农产品经纪人一边连着农民的生产,一边连着市场上的需求。如何使农民的生产经营与市场需求相适应,农产品经纪人可以发挥他的桥梁作用,让二者有机结合起来,使农业的产业结构顺应市场发展趋势而逐渐地趋于合理。另一方面,农产品经纪人是促成农民与他人交易的关键联结点。农产品经纪人掌握着农产品的供求状况,担负着农产品市场变化的信息传递任务,对农业生产起着一定的引导作用,而且可以把零散的农产品集中起来进行交易,从而加快农业产业化的经营。此外,农产品经纪人还有助于更新农民生产经营观念。农产品经纪人依赖市场生存,必须在具体经纪活动过程中了解经营、学会管理、掌握市场的变化形势,还必须要随时调整经营理念。无论是农产品的生产、包装,还是储运、销售等方面,农产品经纪人都可以了解到最新的最符合时代要求的做法。因此,农产品经纪人往往有着较强的市场经济意识、一定的组织能力。以经纪人的行为和观念作为先导,把新的信息、好的观念带到农村,传给农民,培养和加强农民的市场意识,可使农产品更快、更好地走向市场。

为有效地提供服务,农产品经纪人应具备一定的文化素养。而且,农产品经纪人要与农产品打交道,要在市场中求发展,要和交易双方进行沟通,还时常和其他的经纪人往来,这些方面的活动要求经纪人必须具备农产品商品的基础知识,以及与农产品相关的基本技能、财务会计

知识、经营管理、相关法律等多方面的专业知识。从一定意义上来说,农产品经纪人应该是某一项农产品领域的专业人士,不仅要熟练掌握自己所经纪的农产品的分布范围、品种类别、等级鉴定、市场价格、总体数量等相关内容,还要掌握如何去分辨农产品的优劣、鉴定农产品的等级,熟知具体的质量要求指标。此外,经纪人虽然提供的是中介服务,但整个经纪活动过程又蕴涵着丰富的经营管理思想。农产品经纪活动不是简单地联系农产品供需双方,而是一系列的经营活动。在这个经营活动中,需要经纪人了解市场需求,掌握农产品的采购、销售的若干方法,能根据实际情况对农产品发展趋势做出合理的判断与预测,对农产品成本做出正确的核算。不仅要核定自己的经营成本、利润等问题,还要给交易双方做些涉及农产品成本、利润等相应的咨询服务,熟悉政策和法律、法规,使中介活动合理、合法,既能很好地完成委托人交给的任务,也可以运用法律武器保护各方的合法权益。

第六章　农产品促销策略

▶ 第一节　农产品促销组合

一　农产品促销的特点

农产品促销是指农业生产经营者在正确的时间、正确的地点,用恰当的方式向消费者传递农产品相关商品信息,说服消费者进行消费的行为,是促进农产品销售的一系列活动。农产品具有鲜活、易腐等特殊属性,导致农产品促销具有农产品促销主体多元化、农产品需求差异化、农产品促销形式多样化的特点。

1.农产品促销主体多元化

农产品生产的主体是农民,而且农产品经营具有市场分散、规模偏小的特点,加上农民的市场意识和营销手段、技能十分有限,往往跟不上市场形势,导致农产品卖不上好价钱。农产品促销已经远远不是农民自己的事情。为了农民增收,政府也会采取措施帮助农民销售农产品。随着农民组织化程度的提高,农民专业合作组织(如农产品协会)、农产品龙头企业等均参与到农产品销售当中,使农产品促销主体呈现多元化。

2.农产品需求差异化

随着人们收入水平提高和消费观念不断更新,人们对新、奇、特、精、

优的农产品表现出极大的兴趣,农产品个性化需求旺盛。农产品生产者通过向消费者提供不同于其他生产者的农产品而取得竞争优势。

3.农产品促销形式多样化

农产品在促销过程中可以采取广告、体验、人员推销、营业推广等多种方式,向消费者传递各具特点的农产品促销信息,从而实现农产品价值变现。

二 农产品促销的策略

农产品的促销策略主要包括广告、人员销售、营业推广、公共关系等。促销不仅要把农产品以合理或满意的价格销售出去,还要在销售过程中争取与消费者建立长期而稳定的关系,培养顾客忠诚度。

1.广告

广告是企业借助一定的媒介,通过有偿服务,向目标顾客传递产品信息。它是目前司空见惯的一种促销手段。广告要注意提高针对性,提高艺术性(可观赏性),要有正确的导向性。

2.人员销售

人员销售又称人员推销。这是一种企业推销人员或委托推销人员与顾客所进行的面对面的宣传,借以传递产品信息,促进销售。人员推销的形式也是多种多样的,最常见的是当面交谈,也可以借助电话、信函的形式。人员推销是建立良好客户关系、形成关系营销的重要手段,也是利用接触顾客的机会进行市场调查、发现新商机的重要环节。

3.营业推广

营业推广是指能够迅速刺激需求、鼓励购买的各种促销形式。营业推广的形式有很多,包括赠送促销、折价券、包装促销、抽奖促销等。营业推广一般是集中造势,在短期内形成刺激消费的氛围,激发消费者的购买欲望。

4.公共关系

公共关系是指通过有计划的运作,促使社会公众对所生产的农产品品牌产生美誉度,从而使农产品生产经营者具有良好的生存与发展环境。通过树立良好的形象,促进产品销售。

三 农产品促销组合

农产品促销组合就是运用广告、人员推销、营业推广、公共关系四种基本促销方式组合成一个策略系统,使全部促销活动互相配合、协调一致,最大限度地发挥整体效果,从而顺利实现预期目标。农产品促销组合计划的实施是一个系统工程,需要进行充分准备和多方面的协调。一个高效、完整的促销组合计划一般包括确认促销对象、设定促销目标、选择促销工具、拟定促销方案、执行促销方案、评价促销结果等步骤。

1.确认促销对象

确认促销对象是指通过对企业目标市场的研究与市场调研,界定其产品的销售对象是现实购买者还是潜在购买者,是消费者个人、家庭,还是社会团体。明确了产品的销售对象,也就确认了促销的目标对象。

2.设定促销目标

设定促销目标就是为整个促销活动确定一个明确的目标。这个目标可以是经济目标,也可以是公共关系目标,为促销计划、促销方案、促销实施、控制促销效果评估提供依据。

3.选择促销工具

作为农产品信息发送者,必须选择有效的促销工具和手段,以便准确地、及时地传达产品促销信息。主要促销工具有优惠券、折扣、抽奖、奖券、奖品和在线促销等。

4.拟定促销方案

拟定促销方案是指制定实施促销活动的指导性文件,也称为促销策划书。促销方案主要包括促销对象、促销方式、促销时限、促销范围、促销预算、促销预期、人员保障、执行监督、应急措施、注意事项等内容。

5.执行促销方案

为了提高促销活动效果,需要对促销方案进行尝试性检验,并对其结果进行分析总结,进而对促销方案进行修改和完善。

6.评价促销结果

作为一个闭环系统,在促销活动结束后,应该对促销效果进行评价。通过促销活动效果的反馈,评估该促销方案的可行性和效果,及时发现问题、总结经验,以不断提高促销方案水平和促销效果。

▶ 第二节 广 告

一 农产品广告概述

"广告"一词源于拉丁文"advertere",其本义为"引起注意"。按照美国市场营销协会(AMA)的定义,广告是生产经营者出资,通过各种传播媒介,对产品等所做的任何形式的非人员推介。其本质是运用各种途径和方式,将产品的质量、性能、特点、给消费者的方便性等进行宣传,唤起消费者的消费欲望,从而达到促销的目的。

农产品广告具有促销、促进品牌建设和影响中间商兴趣的作用。农产品广告的促销作用体现在农产品广告可以把农产品基本属性、用途及销售信息等向消费者进行有效传递,通过广告的视觉、听觉刺激,引起消费者的购买欲望,最终促成其实施购买行为。农产品广告还可以促进农产品品牌建设。品牌是一种无形资产,是塑造良好社会形象、提高美誉度的重要基础,对于维护顾客忠诚度、降低市场拓展成本具有不可替代的作用。而对于消费者来讲,品牌又具有产品识别功能、导购功能、降低购买风险功能等,进一步降低了消费者选择产品的时间成本、体力成本和精神成本,提高了产品价值和形象价值。农产品能否真正走向市场,还取决于中间商的积极性。广告之所以能影响中间商的交易兴趣,是因为广告在客观上帮助中间商说服消费者做出购买行为,因而受到中间商的青睐。

农产品广告的具体内容应根据广告目标、媒体的信息容量来加以确定。一般来说,农产品广告中应包括农产品信息、农产品生产经营者信息、农产品服务信息三个方面的内容。其中,农产品信息主要包括农产品名称、农产品特性、销售地点、销售价格、销售方式,以及国家规定必须说明的情况等;农产品生产经营者信息主要包括生产经营者名称、规模、产品荣誉、生产经营范围及能力、联系方式等;农产品服务信息主要包括农产品品质保证、销售网点分布及其他服务信息等。

(二) 农产品广告策划

农产品广告策划是指根据农产品广告目标,基于市场调查,制订出与市场相适应的农产品广告计划方案,并按照方案积极实施的促销服务活动。主要内容包括制订广告目标、制订广告预算、广告创意、制订媒体计划,以及广告战略实施和广告效果评价。

1.制定广告目标

借鉴美国广告学家科利提出来的广告设计原则,农产品广告策划要做到以下几点:

（1）广告目标要明确，要达到有效传递农产品信息的效果。

（2）广告用语要简洁、明快，易懂易记。

（3）广告要体现经营者所达成的共识。

（4）广告要反映市场需求。

（5）广告效果要可以度量。

科利的广告原则最重要的主题是广告的有效性，即广告目的明确且可以通过测度加以评判，具有定量分析的潜质。为此，科利建议一种6M方法，即：

商品（merchandise）：商品的价值何在？我们可以为消费者提供什么？

市场（markets）：我们的服务对象是谁？

动机（motives）：消费者选择我们的理由是什么？

信息（message）：我们要传达给消费者怎样的信息？

媒体（media）：我们借助何种载体将信息有效传达给消费者？

测定（measurements）：我们如何评价广告受众的有效反应？

根据以上原则，农产品广告目标的制定基本上集中在三个方面：一是提高农产品或农产品经营者的美誉度，达到品牌传播的目的；二是促销农产品，通过广告向消费者有效传递农产品及促销信息，增加销量；三是提升市场竞争力，通过广告在消费者心目中树立与其竞争者不一样的企业属性、产品特征和市场定位，进而产生差异化营销，打造竞争优势。

2.制定广告预算

1）制定广告预算需考虑的因素

制定广告预算首先要考虑以下因素，根据具体情况，确定广告成本。

（1）产品生命周期。在不同的产品生命周期阶段，其所面对的市场差异较大，农产品处于不同的产品生命周期，其市场维护的目的也不一样。广告必须与产品生命周期中不同阶段相对应,如新产品在产品导入期的广告费用一般较高,以便尽可能快地让消费者认识自己。

(2)市场份额。市场份额是企业产品是否得到市场认可的重要指标,市场份额较大,其广告目标是尽可能维护已有市场,抵御竞争者进攻;对于市场扩张阶段,广告的力度将会进一步加大。

(3)竞争。广告是应对竞争的一种有力武器,只是面对不同的竞争对手,所采取的广告策略有所不同。

(4)广告频率。广告频率是指一定时期内(或一定时间内)广告重复播放的次数。一般来讲,广告播放的频率越高,其相关费用也越高。

(5)产品替代性。如果产品市场具有同质性,就需要做大量广告,以表明产品差异化,树立品牌形象。

2)企业确定广告预算的方法

一般来讲,企业确定广告预算的方法主要有以下几种:

(1)销售百分比法。销售百分比法就是企业以销售额的百分比作为广告开支,如以销售额的15%作为广告费。

(2)目标任务法。目标任务法就是根据广告目标来确定广告费用。

(3)竞争对比法。广告预算以竞争者的广告费用为参照物。

以上三种方法各有利弊,在应用中需要根据实际情况综合考虑。

3.广告创意

广告创意是广告策划的关键,对广告效果起着决定性作用。广告创意是指在广告中将产品信息有创造力地表达,以引导消费者,激发其购买欲望并实施购买行为。广告创意包括广告诉求与广告表现两部分。评价广告创意的标准主要涉及四点:简单、单纯、准确和独特。

4.制订媒体计划

媒体是保证广告有效传播的平台,要考虑到产品特性、媒体的传播

范围、广告目标与内容,以及媒体影响力、媒体使用成本等。主要媒体按照一定的标准可划分为三种:印刷媒体,主要是报纸、期刊等印刷出版物;视听媒体,主要有广播、电视等;户外媒体,主要包括招牌、广告牌、交通工具、霓虹灯等。不同媒体的受众存在明显差异,其效果也不尽相同,选择广告媒体时要充分考虑到广告的覆盖面,当然也要关注广告成本,如电视广告的成本比较高。

5.广告战略实施

广告战略实施包括农产品广告实施的时间表和步骤等内容。

6.广告效果评价

广告效果评价是广告策略实施结果的重要考核指标。一般可以分为两种:广告效果本身,主要是消费者对广告本身的评价和感受,如广告提及率、看后的记忆率等;广告间接效果,广告的终极目标是销售,如成交率等都是本指标的重要内容。

▶ 第三节　人员销售

一　农产品人员销售的概念及特点

农产品人员销售是指以销售人员为主的与消费者面对面沟通、促进农产品销售的策略。其特点包括以下几点:

1.信息传递的双向性

由于人员销售是销售人员与消费者之间面对面交流,除了向顾客传递产品和企业的信息,销售人员还可通过沟通直接从顾客处得到相应的反馈信息。因此,信息具有双向性。

2.推销过程的灵活性

推销员可以通过察言观色,对于不同类型的客户灵活采取不同的有针对性的推销手段和策略。

3.满足需求的多样性

销售人员可通过促使顾客做出购买决策,完成购买行为,并可提供售后服务和追踪,及时发现并解决相关问题,以满足消费者多方面的需求。

4.推销目的的多重性

销售人员在农产品推销过程中,可以通过交流与顾客建立良好的客户关系,达到推销产品与交朋友的双重目的。同时,可以及时地收集顾客的反馈信息,这成为市场分析的重要一环。

二 农产品人员推销策略及技巧

1.人员推销的步骤

一般情况下,人员推销所采取的步骤:识别潜在客户,进行事前准备,主动接近顾客,积极介绍产品,消除顾客疑虑,促成交易,进行事后跟踪服务。这样就形成一个人员推销的闭式循环系统。

2.人员推销的技巧

人员推销需要一定的技巧。归纳起来主要有以下三点:

1)试探性地寻找目标顾客——"火力侦察"

谁是真正的购买者? 促销员不可能是火眼金睛,面对流动的人群,如何对接买家,是促销员的本领所在。一般情况下,可以采用"火力侦察"的方法来探寻顾客。比如,销售人员可以热情地打招呼,尝试搭讪,当顾客感兴趣时,进一步深入展开话题,特别是当顾客对产品有关注之意时,要尝试围绕产品信息进行深入介绍,并适时地提出产品优势与价格优势。

2)换位思考——"重点突破"

这种方法有一个应用前提,即推销人员对顾客的情况已经基本了解,针对顾客对产品的疑虑,进行有针对性的诠释,与顾客置换角色,从顾客角度进一步阐述产品优点,强化顾客购买的决心。

3)循循善诱——"激发欲望"

当推销人员预感到某些老顾客存在可被诱发的需要时,可以因势利导激发顾客的购买欲,这需要对顾客有较为充分的了解且彼此之间建立了较为充分的信任。

三 人员推销管理

人员推销存在两点较突出的不足之处。一是费用支出较大。主要包括销售人员工资、促销培训、场地租赁等相关费用,需合并到产品销售成本之中。二是对推销人员要求较高。人员推销的成效直接取决于推销人员素质的高低,不仅涉及心理学、公共关系学,还要具备较好的商务礼仪、对产品较了解的专业素质等。而新技术的应用、新产品的出现,要求推销人员迅速掌握产品属性和特点,以便充分向消费者展现产品优势。这就需要加强对推销人员的管理。管理的内容包括下面几点。

1.销售人员的考核

(1)销售人员的考核途径。对销售人员可以通过这些途径来进行考核:①推销人员记事卡;②推销人员销售工作报告;③顾客评价;④企业内部员工评价。

(2)销售人员的考核标准。可以比较同一推销员现在和过去的工作实绩,主要涉及指标:①销售计划完成率,销售计划完成情况与原计划的比值;②销售毛利率,用以衡量利润的潜量;③销售费用率,用以衡量每次访问的成本及销售费用占营业额的比重;④客户访问率,用以衡量推销员的努力程度;⑤访问成功率,用以衡量推销员的工作效率;⑥培育新客户数量,即开发新客户的衡量标准。

2.推销人员的培养

由于推销人员的素质是人员推销的关键,所以切实加强对推销人员的培养就成为刻不容缓的事情。具体包括以下几个方面:

(1)道德品质。俗话说,做事先做人。人员推销不仅涉及推销人员自身形象问题,同样也代表着企业形象,所以要培养推销人员成为一个正直而敬业的人是十分重要的。培训内容主要包括:①正确处理个人与企业的关系,将个人发展目标与组织发展目标相统一,培养主人翁意识和组织责任感,建立正确事业观;②正确处理与顾客的关系,推销对象即顾客,按照现代营销观念,以顾客为中心,换位思考,培养服务意识;③正确处理与竞争对手的关系,竞争对手既是对手也是伙伴,要通过了解竞争对手,解决自己所面临的问题,做到知己知彼。

(2)个人修养。推销人员应该注意培养自己的形态美和神态美,要努力做到拥有端庄的仪表、文雅的举止、为人谦和、礼貌待人等良好的外在风度与内在气质,给消费者一种亲切、友善、真诚的直观感觉,以赢得顾客信任。这是展开销售工作的个人形象基础。

(3)知识结构。这里所说的知识是多方面的,推销人员应该成为多面手,通过不断学习丰富自己的知识内涵,以在工作中做到游刃有余。需要了解的知识主要包括:①宏观经济知识,涉及国家经济政策、社会经济发展、宏观管理等方面;②企业经营管理知识,涉及市场营销、客户关系管理、商务礼仪、市场调查与预测等;③产品知识,主要对所售产品的基本属性、基本特点、基本功能,特别是与同类产品相比的优势做到心中有数;④客户知识,涉及消费者行为学、消费心理学、组织行为学等方面;⑤法律知识,要了解所涉及的国家相关法律、法规及政策,做到知法、守法。

(4)销售能力。这是销售人员培训的核心内容。主要包括:①市场开拓能力;②谈判能力;③敏锐的洞察力;④业务组织能力;⑤业务控制能力;⑥应变能力;⑦创新能力。

▶ 第四节　营业推广

一 营业推广的概念和作用

营业推广是指除人员推销、广告和公共关系之外的促销活动,诸如陈列展览会、展示会等。营业推广发展比较快,它具有较大的促销作用。

1.吸引消费者购买

营业推广的首要目的是促销,由于营业推广采用比较集中的广告促销和人员推销,具有比较热烈的气氛,可以聚集大量的人气,使消费者产生从众购买心理,具有时间短、促销效果好的特点。

2.可以提高顾客忠诚度

销售奖励、赠券等让利活动使消费者得到真正的实惠,从而使消费者对产品及企业产生认同感,提高美誉度,培养顾客忠诚度。

3.可以实现企业销售目标

营业推广实际上是企业在拉近与消费者之间的距离,让消费者感到企业的热忱和真诚从而心甘情愿地购买产品,并通过口碑扩大宣传来吸引更多的客户,进而达到产品销售的目的。

二 营业推广的形式

营业推广一般具有以下几种形式。

1.订货会

订货会是指由农产品生产商或批发商独立举办或联合举办,由众多客户参加,通过直接展示产品和商品交易条件来促进销售的一种营业推广方式。

2.展销

展销一般是指零售商举办的、面对广大消费者的、通过增加农产品选择性和在展销期间提供某些优惠来吸引消费者的一种营业推广方式。展销期一般选择在该产品需求旺季或节日期间。比如,每年北京大兴均举办庞各庄西瓜节,借此展销西瓜。

3.代销

代销主要是指农产品生产者委托代理商、经销商销售商品,按规定进行利益分配的一种营业推广方式。代销对迅速扩大分销渠道和销售网络是十分有效的。比如,北京一些超市就有平谷大桃代销点,从而将平谷大桃更直接地"渗透"到消费者手中。

4.赠送样品

赠送样品是指农产品生产者向目标市场的重点顾客,或随机选择的顾客免费提供产品的一种营业推广方式。它的作用是:有可能使受赠者成为下一次该商品的真正购买者,提高惠顾率;可以使受赠者成为该商品的义务宣传者或他人的参考群体;促使他人购买。

5.折扣

折扣是指根据顾客购买程度予以一定价格优惠的促销方式。具体有数量折扣、现金折扣、季节折扣、展销期间折扣等。折扣促销属于价格策略范畴。比如,对于购买农产品数量较大的购买者可以实行批发价。

6.附送赠品

附送赠品是指顾客在购买某种商品时,附带赠送一些物品的促销方

式。所赠送物品可以与所购商品相同,也可以不同,但所赠送物品一般较为廉价。

7. 推销奖励

推销奖励是指给推销农产品的推销人员一定的物质或精神奖励,以提高推销人员推销本产品积极性的一种促销方式。

8. 经销奖励

经销奖励是指给经销农产品的经销商一定的物质、精神奖励,或红利提成的促销方式。

农产品促销的前提是农产品品质符合市场需求,如果产品本身并未得到消费者的垂青,即使再大的让利促销活动也不可能是长久之计;相反,长此以往,最终失去市场。所以,促销一定要在合适的时间、合适的地点、合适的环境,用合适的方式,针对目标顾客进行有效的实施。

三 营业推广设计

营业推广是一项系统工程。由于其时间短、刺激强烈,所带来的即时反应也比较强烈,需要认真策划。

1. 确定营业推广目标

这是指要明确推广对象及要达到的目的。无论是以增加销量为主,或是以培养顾客忠诚度为主,还是以新产品市场推介为主,等等,目的不同则所采取的推广方案也各不相同。所以,首先要明确所要解决的主要问题,这样才能做到有的放矢。

2. 选择营业推广方式

营业推广方式有很多,每种方式都具有较鲜明的属性和特征。因此要慎重地加以选择,根据目标市场及农产品的特点,通过系统分析,寻找影响推广效果的关键因素,选择正确的方式。

3.与其他方式有机结合

营业推广只有与其他促销方式有机结合,才能营造更强劲的气势,形成推广声势,如广告、人员推销等方式的加盟和整合,可以达到令人满意的综合效果。

4.确定推广时机

营业推广成功的关键之一是聚集人气,因此要结合农产品的属性和特点,选择能够聚集人气的时间为市场时机,将其打造成销售的黄金时节。如每年四月桃花盛开时节,北京平谷,万亩桃林,红霞般的桃花连成片,赏花之人络绎不绝,当地都举办桃花节,借以拉动地方经济,取得很好的社会效益和经济效益。

5.确定推广期限

营业推广活动的持续时间是一个微妙的问题。推广期限过长,消费者的新鲜感会逐渐丧失,渐渐失去兴趣,使营业推广适得其反;如果时间过短、来去匆匆,一些消费者还来不及光顾,会因此失去一部分顾客,也会影响推广成效。因此,确定推广期限是一个需要综合考虑的大问题。

▶ 第五节　公共关系

一　公共关系的概念与特征

1.公共关系的概念

公共关系的核心是建立和发展与社会公众的良好关系,赢得社会美誉度,营造企业发展的良好环境氛围,最终为经营者赢得社会效益和经济效益。

公共关系的基本要素涉及公共关系主体、公共关系客体、传播与公共关系目标等。其中,公共关系主体是指社会组织、工商组织、非营利组织和政府三大类,这是目前较公认的主体划分;公共关系客体是指公众,包括内部公众和外部公众,内部公众是指企业管理者和员工,外部公众是指消费者、金融机构、大众媒体、社团公众及社区公众等;传播是指建立主体与客体之间的双向沟通;公共关系目标是指从事公共关系所要达到的目的,如树立企业良好形象、增强市场竞争力等。

2.公共关系的特征

公共关系的特征可以概括为以下几个方面:

(1)双向性的信息沟通。在公共关系中,信息流是双向的:一方面,通过企业行为(特别是公益行为)向顾客及社会推介自己,促使社会公众了解企业及其产品;另一方面,通过建立良好的社会形象,赢得消费者的理解和支持,最终赢得市场。

(2)关系协同性。企业要在社会中生存与发展,就必须与社会各方建立起良好的睦邻友好关系,尤其是与政府、金融服务机构、社区公众、非营利性组织等利益相关者建立长期的互信互利机制。这种协同性是一种双赢,可以营造一个有利于企业发展的社会氛围。

(3)信息反馈的及时性。公共关系要求经营者成立专门部门,用以了解社会公众对企业及其产品的态度。公共关系实际上是一个带有反馈的闭式循环系统,通过信息及时反馈,企业可以了解到社会环境的动态变化,特别是社会公众对企业的诉求,以便能及时调整产品策略、企业经营思路和理念,把握市场机会或应对可能发生的危机。

公共关系的核心就是想尽一切办法与包括社会公众在内的相关主体建立起长期、友好的协作关系,树立农产品生产经营者良好的社会形象,使农产品品牌得到长期、稳定、健康的发展。

二 公共关系的原则

1.主动沟通

把握主动是公共关系中很重要的原则之一。企业应主动与社会公众沟通,传递有利于企业发展的信息,以对社会负责的主动态度为社会服务,赢得社会信任,树立积极的企业形象,提高社会美誉度。

2.守信

市场经济是契约经济,诚信是企业生存之本。只有真诚面对社会,认真履行自己的诺言,才能取信于民。守信是市场经济对企业最基本的要求。同时,信守承诺体现的是一种自信。这种自信来自企业竞争实力,是一种"铁肩担道义"的责任感的体现。

3.互惠互利

企业与社会之间应该是一种互惠互利的关系。企业为满足社会需求而不断提高管理水平和产品品质,社会为企业发展营造一个公平竞争的有利环境,双方相互促进、和谐发展。

三 公共关系的内容

公共关系的内容主要包括以下五个方面。

1.企业与顾客的关系

市场经济以顾客为导向,顾客成为企业服务的核心。良好的顾客关系体现在顾客忠诚度方面,一方面通过顾客的口碑宣传可以进一步拓展顾客群,另一方面通过顾客的重复购买可以扩大销售,实现经济效益。

2.企业与政府的关系

政府是国家权力的代表,更是宏观经济的调控者,政府对企业有监督管理的职能。所以,企业必须协调好和政府的关系,争取政府的政策

支持、项目支持,并借助政府的公信力宣传企业。如北京平谷"桃花节"、北京大兴"西瓜节"等,将促进地方经济发展与企业发展目标相统一,政府搭台、企业唱戏,取得了较好的社会效益和经济效益。

3.企业与社会团体的关系

社会团体对企业发展具有较强的影响力,如消费者保护协会、环境保护组织等,它们在社会的影响力足以影响企业在社会中的形象。所以,企业要担当起社会责任并与社会团体建立良好的关系,接受它们的监督与指导,并借助它们进一步与社会公众沟通,树立有社会责任感的企业形象。

4.企业与新闻媒体的关系

新闻媒体号称"无冕之王",通过广播、电视、报纸、杂志和网络的信息传播,几乎一夜之间可以让企业家喻户晓,并且它在一定程度上可以通过社会舆论引导民意,形成强大的社会轰动效应,进而间接地对企业行为进行监控。比如对不法企业的曝光,可以引起社会和政府的极大关注,进而制止其不法行为并使其受到惩戒;对于具有积极作用的企业及时予以褒奖,提高其在社会中的美誉度。所以,企业应该与新闻媒体保持密切的联系,通过它们建立企业的社会信誉。

5.企业之间的关系

现在的市场竞争,早已超越了"产品竞争"或"品牌竞争"的范畴,实际上演变为供应链之间的竞争。供应商、制造商、物流商、中间商和消费者之间已经建立起一条动态的供应链体系,它实际上是一种面向最终客户的战略联盟。企业上下游之间的关系,已经从过去简单的交易关系演变为合作伙伴关系,这就是纵向一体化模式。而对于竞争者来说,其也从你死我活的拼杀逐步演变为横向一体化模式。所以,企业与企业之间更多的是要走向联合,协同发展,处理好企业之间的关系是当今世界发展之所需。

四 公共关系的形式

公共关系的形式多种多样,总的来讲有以下四种形式。

1.宣传报道

通过广播、电视、报纸、杂志及网络进行有利于农产品生产经营者的报道宣传,发布其产品优势信息或良性发展信息,借以引起社会公众的广泛关注,扩大农产品生产经营者的知名度和美誉度,在客观上起到广而告之的效果。

2.赞助活动

赞助活动是一种社会公益行为,如抗灾捐款、希望工程等。通过举办有助于社会发展和进步的公益性活动,凸显农产品生产经营者的社会责任感,有利于树立企业良好的社会形象。

3.宣传展览

通过文字材料、影像资料、图片资料等多种形式向社会宣传企业文化、企业经营理念、企业历史、企业荣誉、企业产品,达到让社会了解企业、认识企业的目的。

4.开展主题活动

当前企业较多采用开展主题活动的形式,借助于主题活动使企业有效实施市场经营战略,扩大企业在社会、行业中的影响力。例如,2008年9月北京市召开"循环农业现场观摩座谈会",观摩现场选在德清源农业科技园。这家企业认真打造循环经济产业链,形成"生态养殖—食品加工—清洁能源—有机肥料—有机种植—订单农业"的良性循环,在肉鸡及鸡蛋生产、沼气利用、有机肥生产、污水零排放、减少二氧化碳排放等诸多方面取得令人瞩目的成绩。通过"循环农业现场观摩座谈会"等主题活动,德清源农业科技园得到了社会的充分认可。

第六节 农产品展销会

一 基本含义

农产品展销会是指一种综合运用各种媒介、手段,推广农产品、宣传农产品企业形象和建立良好公共关系的大型活动。它是一种复合性、直观、形象和生动的传播方式;它提供了与公众进行直接双向沟通的机会;是一种高度集中和高效率的沟通方式;是一种综合性的大型公共关系专题活动,是新闻报道的好题材;带有娱乐的性质,可吸引大量公众。一般来说,各社会组织都非常重视利用这一形式来塑造和展现他们的最佳形象。

二 具体案例

1.浙江

浙江省名特优农产品展示展销中心由省农业厅主办,为全省的农业龙头企业和农民专业合作社搭建品牌推广、产品营销平台,满足市民对优质、健康、安全农产品的需求。该展销中心汇集了全省1 235种名特优农产品,其中中国名牌、驰名商标、省级名牌产品230个,绿色有机农产品208个。这也是为浙江省打造"永不落幕的农博会"开辟了一条新渠道。

2.青岛

青岛名优农产品展销中心是经青岛市农业委员会授权,青岛报业传媒集团联合打造,在青岛市工商局登记注册的独立法人企业,位于青岛农业科技大厦(凯悦中心)七楼,展厅面积1 000多平方米。该中心是设立在青岛市区的名优农产品集中展示、购销平台,是服务于青岛市乃至全国名优农产品宣传、推介、经营、发展的一个"窗口",旨在通过建设展销大厅,运用现代的经营理念和先进的经营业态,同时辅之以经贸洽谈,建立广泛的经贸合作关系,建立青岛市名优农产品高端经营服务平台。

3.厦门

全面推进乡村振兴战略实施,充分彰显厦门市农业产业化高质量发展和现代农业建设成果,促进厦门市农业生产企业与其他地区的贸易合作。第十三届名优特农产品展销会在厦门、福建南平、甘肃临夏、山西太原等相关政府主管部门的支持下,继续秉持"绿色、健康、幸福"的主题,于2021年1月28—31日在厦门国际会展中心召开。展会重点引进福建南平、甘肃临夏、山西太原、台湾等地名优特农产品,包括农、林、牧、渔、花卉等无公害、绿色、有机农产品,以满足市场和广大市民的消费需求。厦门农产品展销会迄今已成功举办十二届,业已成为农业企业新品首发、品牌宣传推广、专业农产品贸易对接和各餐饮企业、酒店、便利店、广大市民的一站式采购平台。

▶ 第七节　体验式营销

一 体验式营销的概念

体验式营销是指企业以消费者需求为导向,向消费者提供一定的产品和服务,通过对事件、情景的安排、设计,创造出值得消费者回忆的活动,让消费者产生内在反应或心理感受,激发并满足消费者的体验需求,从而达到企业目标的营销模式。

体验式营销建立在对消费者个性心理特征的认真研究、充分了解的

基础之上。其以激发顾客的情感为手段,使整个营销理念更趋于完善,目的是为目标顾客提供超过平均价值的服务,让顾客在体验中产生美妙而深刻的印象或体验,获得最大限度上的精神满足。

二 体验式营销的特征

1.顾客参与

在体验式营销中,顾客是企业的"客人",也是体验活动的"主人",体验式营销成功的关键就是要引导顾客主动参与体验活动,使其融入设定好的情景当中,透过顾客的表面特征去挖掘、发现其心底真正的需求。在企业与顾客的互动中,顾客的感知效果便是体验式营销的效果。顾客参与程度的高低,直接影响体验的效果。例如在采摘体验中,积极的参与者会获得比较丰富的体验。

2.体验需求

体验式营销感觉直观、形象生动,极易聚拢人心、鼓舞人心,促使消费者即时做出购买决定,具有立竿见影的促销效果。但是体验式营销的基本思想仍然是"顾客至上",强调消费者消费时是理性与感性兼具的,企业不仅要从理性的角度开展营销活动,而且要考虑顾客情感的需要,从物质上和精神上全面满足顾客的需求。在体验经济中,消费需求已出现多方面的变化:从消费结构看,情感需要的比重相对物质需要的比重增加了;从消费的内容看,个性化的产品和服务需求日益增多;从价值目标看,消费者日益关注产品使用时所产生的感受,并且日益关注环境保护等公益问题。在营销设计中,不仅要想到你能创造什么,更要想到顾客想要什么,力求能提供更好地满足顾客的体验诉求的产品和服务。

3.个性特征

个性是一个区别于他人的、在不同环境中显现出来的、相对稳定的、影响人的外显和内隐行为模式的心理特征的总和。在体验式营销中,由于个性的差异性,精神追求个性化,并且每个人对同一刺激所产生的体验不尽相同,而体验又是个人所有的独一无二的感受,无法复制。因此,与传统的营销活动中强调提供标准化的产品和服务,要满足消费者大众化的需求有所不同,体验式营销中企业应加强与顾客的沟通,发掘其内心的渴望,从顾客体验的角度,在营销活动的设计中,体现较强的个性特征,在大众化的基础上增加独特、另类元素,使其独具一格、别开生面,满足追求个性、讲究独特品位的顾客的需求。

三 体验式营销的主要原则

1.适用适度

"体验感觉",往往不惜花费较多的代价。应该看到,目前中国的经济和消费水平与西方发达国家相比尚有一定差距,大多数消费者虽然逐步从温饱需求向感性需求发展,但还没到可以为一个愉悦的体验而付出太多金钱的程度。在中国操作体验式营销要把实质的利益充分考虑进去,让消费者在进行愉悦体验的同时获得实质的利益,如此营销活动才更容易获得成功。

2.合理合法

体验式营销能否被消费者接受,与地域差异关系密切。各个国家和地区由于风俗习惯和文化的不同,价值观念和价值评判标准也不同,评价的结果存在差异。因此,体验式营销活动的安排,必然要适应当地市场的风土人情,既富有新意,又合乎常理。同样的道理,各个国家和地区的法律体系,如消费者权益保护法、反不正当竞争法、广告法、商标法、劳动法、公司法、合同法等,既存在差别又极其复杂,在体验式营销实施过程中,具体的操作环节和内容都应该在国家政策和法律法规允许的范围之内。

四 体验式营销的主要策略

美国学者伯德·施密特博士在其所写的《体验式营销》一书中主张，体验式营销是"站在消费者的感觉(sense)、情感(feel)、思考(think)、行动(act)、联想(relate)五个方面，重新定义、设计营销的思考方式"。

1.感官式营销策略

感官式营销策略的诉求目标是创造知觉体验的感觉，它是通过视觉、听觉、触觉、味觉与嗅觉等以人们的直接感官建立的感官体验。感官营销可以突出公司和产品的识别，引发消费者购买动机和增加产品的附加值等。如在超级市场中购物，经常会闻到烘焙面包的香味，这也是一种嗅觉感官营销方式。

2.情感式营销策略

情感式营销策略通过诱发触动消费者的内心情感，旨在为消费者创造情感体验。情感式营销诉求情感的影响力、心灵的感召力。体验式营销就是体现了这一基本点，寻找消费活动中导致消费者情感变化的因素，掌握消费态度形成规律，真正了解哪种刺激可以引起什么样的情绪，以及如何在营销活动中采取有效的心理方法能使消费者自然地受到感染，激发消费者积极的情感，并融入这种情景中来，促进营销活动顺利进行。情感对于体验式营销的所有阶段来说都是至关重要的，在产品的研发、设计、制造、营销阶段都是如此，它必须融入每一个营销计划。

3.思考式营销策略

思考式营销策略通过启发智力，运用惊奇、计谋或诱惑，创造性地让消费者获得认知和解决问题的体验，引发消费者产生统一或各异的想法。思考式营销策略往往被广泛使用在高科技产品宣传中。在其他许多产业中，思考式营销也已经被使用在产品的设计、促销及与顾客的沟通上。

4.行动式营销策略

人们生活形态的改变有时是自发的,有时是外界激发的。行动式营销策略就是一种通过名人、名角来激发消费者,增加他们的身体体验,指出做事的替代方法、替代的生活形态,丰富他们的生活,使其生活形态予以改变,从而实现销售的营销策略。在这一方面,耐克公司可谓经典,该公司出色的"Just do it"广告,经常描述运动中的著名篮球运动员充满激情的夸张表演,从而深化身体运动的体验。

5.关联式营销策略

关联式营销策略包含感官、情感、思考与行动营销等层面。关联式营销超越私人感情、人格、个性,加上"个人体验",而且与个人对理想自我、他人或是文化产生关联。让人和一个较广泛的社会系统产生关联,从而建立个人对某种品牌的偏好,进而让使用该品牌的人们形成一个群体。关联式营销已经在化妆品、日用品、私人交通工具等许多产业中加以使用。

第七章 农产品网络营销

第一节 农产品网络营销的定义和特征

一 农产品网络营销的定义

农产品网络营销主要是指以互联网为途径而开展的关于农产品的营销活动,包括在互联网上发布农产品的信息、市场调查、促销、交易洽谈、付款结算等活动。

二 农产品网络营销的特征

1.网络铺设跨时空,营销机会成倍增长

互联网在进行信息交流的过程中,具有摆脱时间和空间限制的特点,由于脱离了时空的限制,经营者有更多的时间和更大的空间,因而更能在农产品交易的过程中取得成功,例如每周7天、每天24小时提供全球性的营销服务。

2.网络连接一对一,营销沟通可互动

网络互动能促使消费者更积极地参与到营销活动当中,消费者所参与的营销活动的选择性更多,其主动性也能得到提高。在这种互动式营销中,买卖双方可以随时随地进行互动式双向交流,而非传统营销的单

向交流;互联网上的促销也可以做到一对一的供求连接,并能通过交互式沟通,与顾客建立长期良好的关系;网络营销还可以通过传送信息数据库等方式向顾客提供有关农产品的信息,供顾客查询;同时传送信息的数量与精确度远远超过其他媒体,并能适应市场需求及时更新产品或调整价格,能更及时有效地了解并满足顾客的需要。

3.网络介入全过程,营销管理大整合

互联网是一种功能强大的营销工具,它同时兼具市场调查、农产品推广与促销、电子交易、互动式顾客服务,以及提供市场信息分析等多种功能。网络营销从农产品信息的发布,直至发货收款、售后服务一气呵成,因此,是一种网络介入全程的营销活动。

4.网络运行效率高,营销运作成本低

首先,网络媒介具有传播范围广、速度快、无时空限制、无版面约束、内容详尽、多媒体传送、形象生动、双向交流、反馈迅速等特点,有利于提高农产品营销信息传播的效率,增强农产品营销信息传播的效果,大大降低农产品营销信息传播的成本。其次,网络营销无须店面租金成本,能减少农产品的流通环节。再次,利用互联网,农户只需花费极少的成本,就可以迅速建立起自己的销售网,将农产品信息迅速传递到市场中去。最后,购买者可根据自己的特点和需要在全球范围内不受地域、时间的限制,快速找到能满足自己的需要的农产品并进行充分比较与选择,最大限度地降低了交易时间与交易成本。

第二节　农产品网络营销发展的模式与趋势

一　农产品网络营销发展模式

1.网上农贸市场

传统的农贸市场由于已在某个区域或多个区域形成了一定的影响力,拥有稳定的消费群体,将它移植到网络上,做成网络品牌与传统方式并列运行,成为网络营销的创新模式。网上农贸市场能更好地做到"逛一家网站、选百家商品",而且因为有传统农贸市场的门店展示、营销策略、销售渠道、迅捷物流等做后盾,网上农贸市场不失为一种成功的模式。尤其重要的是,它的门店可起到兼任实物展示中心的作用并拥有一批忠实的顾客,这些都是其他模式无法比拟的。

2.网上农产品专业批发大市场

传统的批发大市场具有定位专业、品种齐全、分类详细、品牌云集、价格可比、人流和物流量大等优势,是成功的营销模式之一。这一模式也可移植到互联网上,将网上批发大市场做成商业门户网,网站首页相当于大市场的入口,各类商品目录分类存放,客户可根据自己的需求找到或搜索到相应的分类,然后在分类中找到所需要的商品。

3.网上连锁店或专卖店

网上连锁店或专卖店由于具有连锁经营、专品专卖、统一产品、统一价格、统一服务等"标准化"的特点,加上完善的物流配送优势,成为最容易移植到互联网上的传统模式,也最有可能成为成功的网络营销模式。

4.基于产品或服务的特色营销

这里的特色有两种含义：一是指特色产品，如地方特产、奇珍异货等；二是指特色服务，如团体购买。要注意突出特色使之成为网络营销的卖点。

5.基于市场细分的目标市场

与传统营销一样，网络营销既要进行目标市场定位，又要进行市场细分，比如是定位为农贸市场，还是专业批发市场或专卖店等，这是因为存在物流配送的问题。网络优势主要是信息传播快，但网络本身并不能传输有形商品，实物交割依然要通过物流配送来完成。如果事先没有进行目标市场定位，可能会导致产品线太长或者客户的地理位置太分散，都会使配送成本升高，当配送成本超过商品的销售毛利时，网络营销就无优势可言。目前农产品品种多而杂，客户住地分散，一是不易保证配送的实施，二是资金周转可能有一定的困难，三是有的农产品还有保鲜期。对于同一类产品，若其边际配送成本较低，实现起来就会比较容易。

二 农产品网络营销发展趋势

1.城市化进程带来的农产品网络营销需求增加

过去10年来，我国各地级市下辖城市人口比例不断升高，随着城市生活质量意识的加强，终端市场对于绿色有机或特色农产品的需求逐渐增加，而各地农产品生产正处于从规模小且格局分散向规模农业发展的阶段，农产品网络营销部分弥补了分散生产个体缺乏竞争力的缺陷。随着城市网络消费群体的增加，对高质量农产品和获取农产品的便利性需求不断提高，网络营销可以将城市中分布的此类消费终端市场逐渐聚合在一起，培育提供该类服务的规模企业，并逐步代替部分传统农产品营销市场。

2.新增一批具有影响力的农产品品牌和网络营销平台

品牌建设是营销活动的主要任务之一,知名的、信任度较高的网络营销平台会使客户对平台产生认知度、快速地信任平台上的产品,吸引合作伙伴、竞争者、供应商等多方的加入。通过品牌网站展示企业形象,可增加企业无形价值。例如,江苏省出台了许多的优惠政策,在政府的带动支持下,农业龙头企业带头加入平台,借助整合资源充分激发经营大户的经营活力。而农业龙头企业又吸引农产品产业链的上下游,进一步壮大平台声势,随着知名采购商、供应商和分销商的加入,平台受众呈倍数增长。未来,若企业和各村镇团体能同时重视品牌内涵的创建,利用一体化、专业化的服务向客户传达企业产品理念,必将形成全国领先的品牌化的农产品网络营销平台。

3.农产品质量安全诰溯体系更完善

增强质量把关,从农产品的生产、加工到包装都应进行严格的质量把关,杜绝出现有关于安全监管方面的问题,保证产品质量安全。在特色农产品生产加工和销售经营环节,积极推动移动互联网、物联网、二维码、无线射频识别等信息技术,构建一个农产品质量安全追溯公共服务平台,建立有机食品生产、流通环节追踪体系和生产、销售档案,积极开展绿色食品认证,加强原生态农产品品牌建设。

4."新媒体+农产品电商"唤醒乡村活力

短视频、直播等新媒体覆盖面广、传播速度快,使农村电商的营销宣传效率更高,大大降低了营销成本。另外,新媒体具有社交特性,互动性更强更容易增加客户黏性,降低了农村电商的获客成本。而且农村电商通过新媒体与消费者交流互动,可以加速推进农产品的口碑传播。新媒体和电商的组合可以更加立体、感性地展示商品,使得购买农产品除了是一个购物过程,更是一种社交体验。因此,新媒体与电商结合,不仅可以让消费者更加快捷地了解农产品的品质和相关文化,让农村电商有了更多的营销方式,而且通过新媒体与消费者交流互动加速推进农产品的口碑传播,进一步扩大营销范围和影响力,为农村电商品牌塑造提供了机会。

5.国家政策助力农产品电商发展

国家脱贫攻坚与乡村振兴等一系列政策为农产品电商市场带来发展红利。一方面,农村基础设施日益完善,网络覆盖面积不断扩大,为农产品电商的爆发提供了坚实的硬件支撑;另一方面,电商平台响应国家号召,大力发展农产品市场,挖掘新的增长动能,通过政策、资源、技术、服务等多方面助力农产品上行,不断完善农产品电商市场的软件条件。在政策的支持下,采摘端、分拣端、包装端等产业分工链将被进一步打通与规范化,畅通农产品上行通道,农产品电商市场将进入快速发展期,市场前景广阔。

▶ 第三节 农产品网络营销的产品策略和价格策略

一 农产品网络营销的产品策略

一般而言,只有标准化、信息化程度高,便于包装、仓储、加工、运输的产品才适合网络营销。但农产品生产的区域性、季节性,以及产品的标准化程度低、易腐性等制约了农产品开展网络营销。农产品网络营销的产品策略包括以下几个方面:

1.农产品网络营销的开发策略

现阶段网络越来越发达,企业可以通过互联网去开展大范围、低成

本的市场调研,利用网络去开发具有创意的产品、测试产品概念及功能、进行市场检验,网络营销可以有效帮助企业开发适销对路的农产品。通过设置讨论区、留言板及开展有奖竞赛等方式,发现顾客的现实需求和潜在需求,形成原始创意,从而形成产品构思。

2.农产品网络营销的包装策略

对于农产品的包装,运用网络不仅可以在网站上展示原有产品的包装图案,而且可以充分利用多媒体技术,通过图片、动画、音响、交流软件等整合化的信息载体给消费者造成强烈的视觉冲击和心灵震撼,强化消费信心,刺激购买欲望。

3.农产品网络营销的解剖图策略

利用多媒体软件制作需要售卖的农产品解剖图,通过清晰的图形结构可全方位地展示农产品的外观、品质和性能,让消费者看到解剖图就一目了然,可以进行客观的分析比较,更便利快捷地选择自己所需要的产品。

4.农产品网络营销的品牌策略

品牌是具有经济价值的无形资产,是产品的商标、名称、包装、价格、历史、声誉、符号、广告风格等无形价值的总和。通过建立一种清晰的品牌定位,利用各种传播途径形成受众对品牌在精神上的高度认同,品牌化的产品更利于网络营销。例如新疆的"库尔勒香梨"和"吐鲁番葡萄"、重庆的"涪陵榨菜"、湖南的"石门柑橘"等,这些品牌产品都创造了农产品网络营销的成功案例。

5.农产品网络营销的定制策略

充分利用网络技术的多媒体展示、交互性特点,给消费者一个个性化定制产品的自由空间,根据顾客的个人需求选择定制的包装、产品类型的搭配等。

二 农产品网络营销的价格策略

网购消费者对价格相对比较敏感,所以农产品网络营销想要取得成功,科学的价格策略必不可少。

1.价格折扣获取流量

折扣亦称打折、折价,是目前网上最常用的一种价格策略。近年来,随着网上购物的兴起,越来越多的消费者在网络购物前会先使用软件对比价格,通过比较物品之间的性能、品质和价格差异,消费者能够迅速地做出购买决定。虽然网上购物可以足不出户,快捷方便,产品种类丰富,价格清晰明了,但是由于网上购物不能给人全面、直观的印象,再加上配送成本和付款方式的复杂性,容易造成消费者网上购物和订货的积极性下降,而幅度比较大的折扣可以促使消费者进行网上购物的尝试并做出购买决定,吸引更多的流量。目前,大部分网上销售的商品都有不同程度的价格折扣。

2.动态定价保持竞争力

随着互联网技术的发展,网络上同类产品的竞争强度瞬息万变,因此要时刻关注与自身所售卖的产品有竞争的商品,对其价格进行监控,综合自家所开发的农产品的成本和浏览量等因素,对产品的定价定期调整,在对方价格低于己方时及时调整,但调整不一定都要采用直接改变价格的方式,而应该采用折扣或者赠送赠品的方式,以免长期处于弱势价格使消费者对公司的品牌产生廉价感。在消费者购买旺季可将价格定低一些,而在消费者购买淡季可将价格定高一些。

3.阶梯定价扩大销量

阶梯定价即根据消费者购买数量动态调整价格,消费者购买数量越多则产品单价越低。网络销售基本上都是包邮的,而每个客户如果购买

的产品数量都可以尽可能多的时候,商家就可以减少物流成本,同时扩大产品销售量。数量折扣就是根据消费者购买数量动态调整价格,消费者购买数量越多则产品单价越低。比如可以通过多买打折的方式进行定价,如消费者购买1斤有机土猪肉的价格为40元,购买2斤则每斤只需要38元,而购买3斤则每斤只需要36元。还可以通过满减的方式,即在商品介绍页面的显眼位置放上领取优惠券的链接,但优惠券只能在消费达到一定额度后才能使用,如可以在有机土猪肉页面展示满150减30的优惠券领取链接,引导消费者为获取优惠而增加购买量。

4.预售定价吸引眼球

预售定价就是指企业给尚未投入市场的产品制定价格并销售的一种定价策略。由于农产品具有一定的时令性、鲜活性和易腐性,这种定价策略很适合有机农产品的网络营销,可以在某些时令产品即将上市之前进行预售,并要求消费者缴纳一定的预售金,缴纳预售金的消费者可以以相对较低的预售价购买到产品。通过预售定价可以使消费者在前期就关注到该产品,为产品提供了一定的市场预热,有效吸引了消费者的眼球。同时,这种产品预售的定价形式可以较好地刺激消费者的购买欲。

▶ 第四节　农产品网络营销的渠道策略和促销策略

一　农产品网络营销的渠道策略

网络营销渠道是指利用互联网提供可利用的产品和服务,以便使用计算机或其他能够使用技术手段的目标市场通过互联网络进行和完成交易活动。

1.网络直接营销渠道

网络直接营销渠道又称网络直销渠道、零层营销渠道,是指产品从生产者流向最终消费者或用户的过程中不经过任何中间环节。网络直销渠道一样也要具有上述营销渠道中的订货功能、支付功能和配送功能。网络直销与传统直接分销渠道不一样的是,生产企业可以通过建设网络营销站点(以下简称"网站"),让顾客直接从网站进行订货。通过与一些电子商务服务机构(如网上银行)合作,可以通过网站直接提供支付结算功能,简化了过去资金流转的问题。对于配送方面,网上直销渠道可以利用互联网技术来构建有效的物流系统,也可以通过互联网与一些专业物流公司进行合作,建立有效的物流体系。

2.网络间接营销渠道

在互联网上存在着许多专门为农产品生产企业和消费者提供各种服务的中介机构,即网络交易中间商,其中的一些中介机构起到了传统中间商的作用,如代理机构、销售机构等。由于融合了互联网技术,网络交易中间商大大提高了交易效率和专业化程度,取得了更大的规模经济,从而可以更大程度地提高交易效率。

3."双道法"渠道策略

"双道法"是指同时使用网络营销渠道和传统营销渠道,以达到最大销售量的目的。农产品网络营销通常是将传统营销方式与现代网络工具有机结合,这种营销方式增强了买卖双方的互动性,合并了一些繁杂的中间营销环节,可以跨越时间和空间的限制;利用网络交流信息,消费者也可以根据自己的需求详细地了解农产品的属性,农产品网络营销为买卖双方带来直接的经济利益。云南省的花卉网络营销是成功运用"双道法"的典型案例。云南是中国植物种类最多的省份,素有"植物王国"的美称,也是全国最大的鲜花生产基地,鲜切花销量占全国市场的50%左

右,80%的花卉销往全国70多个大中城市,10%的花卉出口到日本、泰国、新加坡等国。目前,云南花卉主要的流通渠道方式有两种:一种是中间贸易商从呈贡县斗南批发市场组货,发往各消费地代销点、批发市场或零售商;另一种是花卉生产企业根据花卉网站上的网络订单,直接把产品发给自己的固定客户。这两种营销方式现在都成了云南花卉业的不可或缺的销售营销渠道。

二 农产品网络营销的促销策略

农产品网络营销的促销策略是农产品经营者利用现代化的网络技术向网上虚拟市场传递有关农产品的信息,以激发需求,引起消费者的购买欲望、购买行为和各种活动的总称。农产品的网络促销方式有许多种,网络广告和站点推广是其中两种主要的网络促销方式,特别是网络广告已成为一种新兴的产业。

1.网络广告

网络广告是指特定的农产品经营者或生产者利用网络对于农产品的介绍和推广,其目的在于引起消费者的共鸣,促使消费者产生试用、购买等直接反应。现在与农业有关的网站几乎都有表现形式多样的农产品的营销广告,如横幅广告、链接广告、旗帜广告等。

2.网站推广

网站推广是农产品网络促销的重要方式,只有通过推广才能使农产品网站在浩如烟海的互联网中被人注意,使更多的消费者能够利用浏览器进入农产品网站。推广农产品网站一般有两种途径:一是通过传统广告媒体,如报纸、杂志、电视、广播等来宣传网址;二是通过网络上的一些高知名度的农产品营销网站(如中国农产品信息网)来"曝光"和推销网址。如"石门柑橘销售中心"网站不仅利用报纸宣传网址,同时与"中国农产品信息网""中国水果蔬菜网"等很多关联网站建立了链接。

3.网络服务

与传统的人员推销(由营销员直接拜访潜在顾客)不同,网络人力服务不是面对面而是在虚拟网络中由网络服务人员给顾客或潜在消费者提供咨询、培训和解决方案等服务,如利用网络聊天室、常见问题回答等工具,为消费者与农产品生产者举办情感交流会或及时回答顾客的问题等,增进感情,达到稳定顾客群的目的。

4.网络公共关系

网络公共关系是指企业以网络为主要手段争取对企业较为有利的宣传报道,协助农产品生产企业与有关的各界公众建立和保持良好的关系,建立和保持良好的形象,以及消除和处理对农产品营销不利的谣言、传说和事件;企业还可以利用社交媒体分享产品的各种促销活动,促进农产品生产者与消费者之间的互动,如使用微信、微博等,带动会员客户或潜在客户主动分享企业活动,并以赢取礼品的方式推广分销网点的促销广告。拉近与会员客户的关系,通过会员客户的社交媒体进行二次宣传,给公司各分销网点带来了更多新的客户。

5.网络营业推广

网络营业推广是指除网络广告、网络服务、公共关系以外的其他网络促销方式。网络促销推广方式多种多样,如在农产品营销网站上开展网上抽奖、网上赠品、网络会员制、新客户免费试用、开办优惠酬宾活动、提供免费农业科技信息等。

第八章　农产品国际市场营销

▶ 第一节　农产品国际市场营销环境

营销环境是指影响营销活动的因素,由于农产品国际市场营销的主要目标是国际市场,所以与国内市场营销相比,国际市场营销的环境具有差异性和复杂性。差异性是指世界上的众多国家都有其特定的政治、法律制度,有不同的经济发展状况、文化和风俗习惯等,开展营销活动时要采取不同的方法。复杂性是指开展营销活动时会受到多方面的环境影响,如世界经济、文化、政治等,并且这些因素极易变动,有很强的不确定性。因此,要做好农产品国际市场营销,首先要了解农产品的国际环境,主要包括以下五个部分。

一）文化环境

世界各国社会文化的差异,决定了其消费者的购买方式、消费偏好、需求指向等的不同。在一个国家行之有效的营销策略,在另一个国家未必可行,因此,了解各国的文化背景十分有必要。

1.语言

语言作为一种文化现象,具有丰富的内涵。语言是文化的载体,能够承载各种信息,了解当地的语言是进入目标市场、扩大销售的基础。

2.消费习惯

不同的文化习俗,导致了人们的不同消费习惯,例如东方人以米、面为主食,而西方人则以面包为主食。因此,要做好国际市场营销,必须要了解和适应目标市场国的风俗习惯。

3.价值观和态度

价值观和态度决定了人们的大多数行为,这两个因素可以使人们认识到哪些应该做而哪些不该做,哪些是优先的而哪些是不太重要的。人们的消费行为和商业行为与价值观有着直接的关联。他们对待时间的态度也是很具有文化特色的。时间观念不同,同类产品在不同市场的命运也会不同。例如,快餐速溶营养食品在一些时间观念很强的国家就很受欢迎,而在一些不重视时间的国家就不那么畅销。

二 国际经济环境

1.各国经济发展水平

一国的经济发展水平和农业发展水平直接关系到农产品的营销。例如,在经济发展程度较高的国家或地区,人们在消费农产品时特别注重产品的质量、营养与安全,同时注重产品的品牌和精致的包装,并对绿色和速食食品的需求很大,质量上的竞争多于价格上的竞争。而经济不发达的国家和地区则偏重于消费品的实用性,追求性价比较高的产品,产品以人际传播居多,消费者对价格敏感。一般情况下,食品支出会随收入的增加而增长,收入水平提高后,消费者对食品的购买量虽然不会随收入的增加而增长,但是对食品的质量要求会越来越高,消费的档次也越来越高。

2.各国农业发展水平

各国的农业发展水平在一定程度上也会影响农产品营销。对于农

业发达的国家,如美国,传统农产品可能很难进入,只有品质好的有机绿色食品及土特产才可能进入。而自然资源不丰富的中东地区的某些国家,如日本、韩国等,则需要大量进口农产品。

3.国家的金融体系

一个国家的国际贸易状况、外汇变动、税率制度、消费者信贷等在国际营销中也是不容忽视的因素。

三 国际政治环境

国际政治环境引导着企业营销活动的方向,包含了影响企业国际市场营销活动的外部政治形势、政策等多种因素。

1.政治的稳定性

稳定的政治制度可以使企业的营销活动更具有确定性。如果政治不稳定,企业就会产生经营的政治风险、政治困扰。因此,东道国会在其国内对外商的利润和借贷,以及外资在本国国内拥有的企业投资加以控制。国际市场营销人员必须密切注意东道国的政局,以便及时趋利避害。

2.政治风险

政治风险是指企业在目标市场国和地区从事营销活动时,因该国政府的各种政治行动而使公司的收入下降,甚至全部或部分资产所有权丧失。企业在国外的资产所有权可能遭受没收、征用、国有化等损失。此外,政治阻力、关税壁垒、非关税壁垒及外汇管制等都会对外资企业的利益带来不同程度的损害。

四 国际法律环境

法律环境为企业的经营活动制定了行为准则,如果企业要进入国际市场,必然会受到国内和国际法律环境的约束。不同的国家有不同的法律法规,企业只有熟悉和遵守该国法律,才能顺利进入该国市场。

1.关税壁垒

关税壁垒是提高关税、限制商品进口的一种办法,通过对国外商品征收高额的进口关税,以阻止、限制国外商品进入,削减其竞争力,从而保护国内商品的竞争优势。

2.非关税壁垒

非关税壁垒就是在商品进口方面所采取的除关税以外的措施。主要包括法律、行政方面的约束,如进口许可证制度,进口配额,复杂的海关手续,严格的卫生、安全、质量标准,等等。

3.外汇管制

外汇管制是指一些国家为了平衡国际收支和本国货币的汇率,而对外汇实行一些限制性的措施。

4.经济立法

经济立法就是为了保护良性竞争、社会利益及消费者利益而制定的法律法规,是管理一国经济的重要手段,如商标法、广告法、外商投资企业法、专利法、竞争法、反倾销法、反垄断法、海关税收法等。

五 国际竞争环境

如今,市场的竞争日益激烈,新产品、新技术作为国际竞争的物质基础和手段不断涌现。通常,当一个国家在一个产品的质量、成本和生产要素等方面占有较大优势时,就会成为该产品主要生产国,其产品也会很快进入其他国家市场。国际市场竞争主要包括以下三种类型。

1.成本型

该型主要依靠较低的成本优势来进行竞争。

2.品种型

该型主要集中于提高产品的质量、品种的增加,以及服务的改进和优化进行竞争。

3.专业型

该型着重于市场上某一类产品的研发和大规模的专业化生产进行竞争。

▶ 第二节 农产品国际目标市场的选择

尽管农产品国际市场竞争日益激烈,但不充分竞争仍是导致商品和资本在不同国家与地区之间流动的主要因素。全球约200个国家,政治、经济、文化环境各不相同,风险与机遇也千差万别,而农产品跨国经营的企业又无法同时涉足全部市场,因此,在跨国经营中,如何应对国外的复杂环境并寻找新的市场机遇,以最小的风险、最大的收益取得最大的成功,最重要的问题就在于选择合适的国际目标市场。国际目标市场的选择,是根据宏观政治、经济、文化等方面的综合考虑,确定一个国家市场是否能够进入,对其进行综合比较与分析并运用科学的决策方法,找到一个或多个合适的市场。

一 农产品国际目标市场的选择程序

要想对国际上的众多市场进行调研和分析,从而选择最理想的目标市场,几乎是不可能的。一方面是因为工作量庞大,分析结果具有滞后性。当所有的调研和分析完成时,所调研和分析对象的各种条件与情况可能已经发生了许多变化。另一方面,由于对各市场进行深入、细致地调查,耗费了大量的人力和财力,使得公司的运营成本增大,从而削弱了企业的竞争优势。由于农业生产利润率本身较低,若再加上额外费用,将极大地削弱其在国际市场上的竞争力。所以,在选择国际目标市场时,必须先大致划分出农产品国际市场的类型,然后根据企业自身的特征,进行相应的市场调查,并依据公司的经营策略,做出正确的决策,最后选出一个或几个目标市场。详细的步骤如图8-1所示。

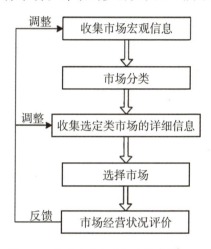

图8-1　农产品国际目标市场选择

二 农产品国际目标市场选择方法

目标市场选择即对选定的农产品国际市场进行分析、评价,从中选择适合企业进入的最佳市场。进行国际市场选择时,必须考虑该市场的饱和程度、本企业的竞争优势,以及与进入国之间可能出现的矛盾等多方面因素。农产品国际市场的选择是在农产品国际市场分类结果的基础上,运用优化决策方法,进而选择出理想的农产品国际市场。其基本方法如图8-2所示。

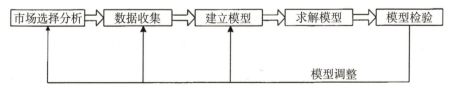

图8-2　农产品国际目标市场选择方法

▶ 第三节　农产品国际营销策略

农产品国际营销与国内营销一样,也必须制定适应特定市场营销环境的产品策略、价格策略、渠道策略和促销策略。但由于国际市场营销环境有自身的特点,因此,国际市场营销组合的四个手段的具体内容又不同于国内市场营销。

一　产品策略

新颖的农产品更加能够激起消费者的购买欲望,因此在产品策略方面要采用农产品差异化策略,即向国际市场提供不同于其他国家和地区的差异产品,以适应不同国家或地区市场的特殊需求,并获得相应区域的市场优势。产品差异化策略的优势在于能够更好地迎合顾客的个性化需求,并获得顾客的青睐,这对扩大国际市场、提高产品销量、提升公司产品在世界范围内的形象具有重要的作用。重点发展特色农业,培育具有国际比较优势的农产品,是我国农产品差异化战略应用的重要手段,主要可以从以下几个方面展开。

1.根据资源状况发展精细农业

在参与市场竞争时,必须充分利用地方特点,寻找最大的区域比较优势,选择最佳的农产品发展品类,将资源优势转化为市场优势。

2.重点发展特色劳动密集型农业

目前,我国的优势农产品主要集中在蔬菜、水果、花卉、畜产品等劳动密集型农产品上,这些产品在出口时具有较强的价格优势,尤其是畜产品的出口比重高达40%,具有显著的优越性。发展劳动密集型农业,要突出重点,大力发展名优茶、瘦肉型猪、蔬菜、花卉、畜禽、淡水产品等劳动密集型特色产业。

3.开发产品的多种用途,满足差异化需要

目前,我国主要农产品(如水稻、玉米、小麦等)的生产各有优势,要根据不同的用途生产出不同的产品,只须要素搭配合理,就会有很大的市场。应合理开发同一种商品的多种功能,可以使一般品种相对分流,减轻品种单一的压力,同时能更好地适应国际市场的差异化要求。

二 价格策略

价格是国际市场中较为敏感并难以控制的因素,它直接关系到生产者、消费者等各方面的利益。在农产品的国际市场营销中,要特别注重差别定价。

1.农产品分级定价策略

按照农产品的不同等级进行定价,会使消费者比较容易接受,有助于扩大农产品的销量。在对农产品进行分级时,除了考虑产品的基本效用之外,还要注意产品的外包装、附加服务等同样可以给消费者带来额外的延伸效用。定价时要充分考虑这一点,为顾客提供比同类产品更多的附加收益。

2.农产品区域差别定价策略

出口企业要对自己需要进入的国际目标市场进行细分,根据不同的国家和区域的消费习惯、收入水平、消费心理等因素,实行区域差别定价。例如,对于购买力较高的西欧国家的消费者,要采用高品质、高价格的策略,而对于购买力偏低的东南亚、东欧等地区的消费者则要适当采取低价策略。

三 渠道策略

企业要选择与自身资源、禀赋相符的销售渠道,这样才能保证农产品的顺利销售。要与有着丰富国际营销经验的经销商合作,或者委托国际中间商进行代理分销,这有助于弥补经营者在国际营销方面的不足,从而更加快速地开拓国际市场。

四 促销策略

促销是农产品经营者占领市场的关键。在促销手段上要推陈出新,塑造独特的品牌形象,采用灵活多样并具有针对性的促销方式。面向国际市场,促销的重点应放在品牌塑造、公共关系与广告宣传上。塑造品牌形象有利于保护品牌所有者的合法权益,带动新产品的销售,扩大产品组合;在公共关系方面,要充分利用WTO提供的有利条件,积极促进与农产品进口国签订贸易协定,为我国农产品长期稳定地进入国际市场开辟新天地;在广告宣传上,要突出中国产品的独有特点,融合中国优秀传统文化,激发顾客的购买欲望。